在地文史研究

臺南

水儀式研究

周宗楊 ◎ 著

招賢納士　請水祈雨　新春汲水　請水迎神　午時水

局長序
留下生命禮俗的運作軌跡

　　「生命禮俗」係一個民族對待生命的態度，從出生、成年、結婚到終老，都有一套運作模式，久之成俗，並成為生活一部分，裡頭蘊藏著豐厚的人生哲理與生命史觀，這是人生極為重要的生命議題，也是一個城市發展極具特色的文化課題。為此，本專輯（第7輯）特以「大臺南生命禮俗專輯」為題，規劃出版《臺南生育禮俗研究》（吳建昇、陳志昌）、《臺南嫁娶禮俗研究》（張耘書、鄭佩雯）、《臺南喪葬禮俗研究》（楊士賢）、《臺南牽亡歌陣研究》（吳碧惠）等4書，廣泛調查研究大臺南生命禮俗的種種樣態，藉此開拓更為寬廣的文化視野，為這個時代留下生命禮俗的運作軌跡及其多元現象。

　　除此之外，為豐富「大臺南文化叢書」的內容與內涵，本專輯也特別規劃《臺南請水儀式研究》（周宗楊）、《臺南過火儀式研究》（吳明勳）等兩書，全面探討大臺南請水與過火民俗的諸多樣貌及其儀式意義，呈顯大臺南更為多樣的信仰文化，展現城市治理與文化發展的人文特色。

　　本專輯所邀請執筆的寫手，都是該議題的學者專家，長期浸染其研究領域，已多有掌握相關資料，再經一年的調查研

究，更能精準的梳理出每一主題的來龍去脈、豐富內容及其文化詮釋，皆值得一讀。

「大臺南文化叢書」以接地氣的心情，長期規劃出版在地文史專書，每一年幾乎都是規劃中、研究中和出版中等三位一體的同步進行，從不間斷，因此，2010年縣市合併後迄今短短9年間，這套叢書已出版54冊，委實為「臺南學」奠下基礎；未來，文化局一本初衷，繼續出版優良史書。

臺南市政府文化局局長

臺南請水儀式

作者序
請水澹褲跤（tâm-khòo-kha）

　　臺南地區宮廟請水頻率最高的地區，就屬鹽分地帶將軍溪流域，儘管學甲慈濟宮「上白礁」請水年年舉行，但早期阿楊總是蜻蜓點水般的走馬看花；看看人力肩扛的蜈蚣陣，看看董永尋母、七仙女的特色藝閣，看看一堆人萬頭鑽動擠在白礁亭前將軍溪畔，只為搶拍法師帶領爐主請水的場景。

　　一直到2010年初「佛祖生」前，佳里潭墘代天護國宮一連3年舉辦請水招軍儀式，同時恢復解散已久的龍鳳獅陣，本著「在地人關心在地事」的初衷，阿楊開始用單眼相機記錄護國宮進香、插招軍旗、請水儀式，從此開啟阿楊「水性楊花」的請水人生。此後經常拎著相機，捲起褲管，穿著涼鞋，戴著漁夫帽，出現在各大宮廟的請水現場。初時只敢站在岸邊拍攝，後來換上短鏡頭後，便戇膽（gōng-tánn）跟著乩童或爐主涉入水中拍攝舀水的畫面，因此每記錄完一場請水儀式，總弄得褲跤澹漉漉（tâm-lok-lok），可謂一兼二顧，摸蜊仔兼洗褲。

　　本書能夠付梓，首先感謝黃文博校長提供機會、審查與建議，讓阿楊能夠將數年來的請水記錄、心得集結成冊，出版印刷。感謝請水現場紅頭法師的指導以及各宮廟主委、執事熱心

接受阿楊的田野訪問；最後感謝曾經在田野共同記錄請水的前輩、朋友們。「水育萬物，如影隨形」，各位正在閱讀阿楊這本書的朋友們，有機會一定要試著褪赤跤（thǹg-tshiah-kha）走進臺南廟會請水的現場，感受這款褲跤澹漉漉的滋味。

周宗楊

臺南請水儀式

局長序　留下生命禮俗的運作軌跡　　　　　　　003

作者序　請水瀳褲跤　　　　　　　　　　　　005

第一章
前言　　　　　　　　　　　　　　　　　009

第二章
臺南地區的請水文化　　　　　　　　013

▌第一節　古籍、節令、習俗的請水　　　013

▌第二節　臺南民間信仰的請水　　　　　022

▌第三節　遙祭、溯源請水之探討　　　　042

第三章
謁水請將的意涵與具象　　　　　　055

▌第一節　水兵水將與五營　　　　　　　055

▌第二節　謁水請將的原理與時機　　　　059

▌第三節　水將身分的轉換與具象　　　　069

第四章
請水的地點與儀式　　　　　　　　083

▌第一節　臺南地區的請水地點　　　　　083

▌第二節　招軍前置昭告作業　　　　　　092

▌第三節　臺南地區的請水儀式　　　　　110

▌第四節　二仁溪流域的請水香儀式　　　120

Contents ｜ **目錄**

▍第五節 水爐的處理及用途　128

第五章
刈水火的宮廟　135

第六章
請水的宮廟　143

▍第一節 八掌溪至急水溪流域　143
▍第二節 將軍溪流域　153
▍第三節 曾文溪流域－溪北　187
▍第四節 曾文溪流域－溪南　210
▍第五節 曾文溪下游至鹽水溪流域　243
▍第六節 鹽水溪至二仁溪下游　248

第七章
請水香的宮廟　259

第八章
儀式型請水的宮廟　265

第九章
結論　275

附錄　285
參考書目　291
作者簡介　300

第 一 章

前言

「請水」一詞在南臺灣的民間信仰廟會活動
中經常耳聞，也因為各地民情風俗的不同，各地
賦予請水有不同的定義及說法。在屏東地區，「請
水」多指「迎王」，也就是在海邊恭請代天巡狩
蒞臨的儀式，如東港、小琉球等地的請水迎王，

■ 南部地區常見請水儀式，各地賦予「請水」有不同的定義及說法。

■ 屏東鹽埔仕絨三聖宮前往下淡水溪請水，象徵恭請代天巡狩上岸。

但並未進行實際的汲水儀式。屏北地區隘寮溪流域附近的長治鄉番仔寮惠迪宮、鹽埔鄉彭厝建安宮、仕絨三聖宮等廟在3年1科的迎王祭典中，卻有進行實際的汲水儀式，透過陶缽或磁甕汲取聖水，象徵恭請代天巡狩降臨，故屏東地區迎王祭典的「請水」又分為實際請水及不請水兩種類型。

臺南地區三爺宮溪的田厝水明殿王醮所稱「請水」，係指前往高雄永安「烏林投」海邊迎請3尊代天巡狩蒞臨；[1]而二仁溪流域下游的南區喜樹、灣裡及高雄茄萣地區亦有「請水」等於「請新王」或「請親王」的說法，但兩地均未進行實際的汲水行為。

1　黃文博著，《南瀛王船誌》（臺南：南縣文化，2000），頁309。

臺南地區的請水儀式泛指以瓷甕、陶缽、茶壺、銅爐、水桶、酒瓶等各種容器（俗稱「水爐」）汲取溪、河、埤、湖、海、井及魚塭等水域的水，藉此達到某種特定的目的。廣義的「請水」包含歲時端午的取午時水、喪葬禮俗的乞水浴屍，以及民間信仰的請水招軍、遙祭請水、迎神請水、取王船水等儀式。狹義的「請水」則是專指一般宮廟前往某特定的水域請水招軍、遙祭請水或請水迎神等儀式，即在儀式中有向司水之神請領、招募水兵水將，或是迎接神明、幽魂上岸的目的，因屬迎靈上岸的性質，另帶有「朝謁水神」之意涵，故又有「謁水」、「刣水兵」、「請水神」、「請賢」的說法。其他臺南地區同為民間信仰儀式中的請水行為，如王船醮祭造船儀式中的取王船水、清淨醮場聖域的請水儀式，則多以「取水」稱之，但許

■ 請水泛指以瓷甕、陶盆、缽、壺、水桶等各種容器汲取溪、河、埤等水域的水，藉此達到某種特定的目的。

縣溪流域當地亦有「請聖水」的說法。

　　一般民間信仰的請水儀式有每年歲時例祭的請水，也有固定科期或不定期的請水，由於臺南一般宮廟的請水儀式多以招募水兵水將為主要目的，而位處八掌溪流域附近的白河、後壁等區宮廟，則是透過「刈水火」（或稱「請水火」）的儀式來達到招募兵將的目的，部分宮廟雖然未有實際的汲水行為，但同樣在水域邊進行豎旗招軍的儀式，均可視為臺南請水招軍儀式的範疇。因此，本書主要以臺南地區民間信仰的請水儀式進行田野調查及介紹，收錄範圍北至八掌溪流域，南至二仁溪之間，至於三爺宮溪的田厝水明殿王醮所稱之「請水」，與二仁溪流域下游南區喜樹、灣裡的「請新王」儀式，因其未有實際的汲水行為，故不在本書的討論範圍內。

第二章

臺南地區的請水文化

▋ 第一節　古籍、節令、習俗的請水

　　清道光19年（1839）周凱所著的《廈門志》有一段關於「請水」方面的文字記載：

　　　　內水仙宮在菜媽街後，背城、面海。端節，龍舟必先至此，演劇鼓棹；名曰「請水」。[1]

　　昔日廈門人每到端午時節，必舉行龍舟競渡的習俗，在比賽競渡之前，必先至菜媽街後的內水仙宮「請水」，亦即迎請水仙尊王、祭拜水仙尊王的儀式，此「請水」儀式雖屬廣義的請水迎神，但並未有實際的汲水行為。閩南地區自古

1　〔清〕周凱，《廈門志》（臺北：臺灣銀行經濟研究室，1961），
　　頁67。

即有請水祈雨、喪葬請水浴屍、新春汲水及端午取午時水等習
俗，後來均隨著先民渡海來臺流傳到臺灣。

一、請水祈雨

相傳自宋朝即有請水求雨的風俗，宋人張耒《敘雨》詩序
有云：

福昌之民，有禱旱于西山者，取山之泉一勺祠之，不數日
而雨，邑民言旱歲取水以祠，輒應，且其取之者，非特福昌也，
張子神之作歌以揚之。[2]

福昌當地居民因乾旱而前往西山祈雨，並汲取一勺山泉回
去祭祀，十分靈驗，而請水求雨的風俗不只福昌地區才有，宋
人王禹偁的《合崖湫》亦有類似的祈雨記載：

…今春商於旱，太守職憂農。先請境內山，熊耳有如聲。
乃迎是湫水，盈乎素缶中。州民與郡吏，覡女雜巫童。朝祈又
夕禱，拜起虔且恭。爇鑪復奠爵，牲幣潔而豐。適與天雨會，
三日勢濛濛。致謝送水歸，盡禮有始終。[3]

---

2 〔宋〕張耒，〈張右史文集〉《張右史文集淮海集》（臺北：臺灣商務印書館，四部
　叢刊初編縮本55，1965），頁73。
3 〔宋〕王禹偁，〈小畜集〉（臺北：臺灣商務印書館，景印文淵閣四庫全書集部
　43，1986），頁1086-21。

詩中所述，商州於春時久旱不雨，當地太守擔憂乾旱影響農事，故先前往熊耳山祈雨無效，後來又率領百姓、官吏與巫覡前往合崖湫祈雨，並將合崖湫的聖水裝入罐中迎回，由巫覡朝夕膜拜祝禱一番，最後上天整整降下 3 天的雨水；其後又將聖水請回合崖湫倒回，並大肆祭拜酬謝神恩。《福建通志臺灣府》〈典禮（祀典）〉中有將祈雨儀式納為福建的官祀儀典，其中亦有一段前往鼓山行香祈雨，同時請水的記載：

　　凡遇祈禱齋戒後即得雨澤，仍擇日於壇廟各處行報祭禮。如亢旱太甚，各官步禱行香。
　　閩中舊俗：祈禱齋戒、致祭行香之日，僧、道誦經，部文亦議令誦經，委員查看。今自齋戒日為始，道紀司督率眾道於城隍廟誦經，僧綱司督率眾僧於龍王廟誦經，福州府委官查看，或委員赴鼓山行香請水，臨時酌行。[4]

　　相傳福建鼓山有神龍鎮守，而鼓山的靈源洞亦有源源不絕的山泉流出，自古即為福建官員前往上香祈雨請水之所。故由此可知，請水祈雨的風俗自古在福建地區即相當的盛行。另據清道光初年丁宗洛編撰《陳清端公年譜》記載：

　　六月，旱，求雨；⋯乃於初六日書疏禱關帝、媽祖等廟，

4　〔清〕陳壽祺，《福建通志臺灣府》（臺北：臺灣銀行經濟研究室，文叢 84，1960），頁 232。

■ 每次臺南夏季缺水，地方官員必至安平天后宮求神祈雨。（吳明勳提供）

以其為臺人素所奔走者。至初八日，復稟府、道往鯽魚潭迎水；徒步往返四十里，不覺其倦。始十二日連雨，遠近霑足；民得耕種，不敢忘神賜也。隨於十六日宰豬、羊，率坊老往各神廟謝訖』。[5]

　　清康熙年間，福建分巡臺灣廈門兵備道陳璸因憂心旱災，乃前往關帝廟、媽祖廟上疏祈禱，並於初8日稟明府、道等官前往鯽魚潭（昔位於永康境內，又稱「龍潭」）請水，後於12日上天便降下數日雨來。故清領時期，臺地官員亦有請水祈雨的習俗。近年來臺灣南部每逢乾旱時期，經濟部水利署亦會聯合嘉南農田水利會、自來水公司、市府水利局及南區水資源局

5　〔清〕丁宗洛，《陳清端公年譜》（臺北：臺灣銀行經濟研究室，文叢207，1964），頁44-45。

等官員前往安平開臺天后宮，向媽祖及四海龍王上香祈雨，祈求天降甘霖。

二、乞水浴屍

　　福建地區的喪葬禮俗自古即有乞水為亡者浴身的習俗，乞水又名「請水」、「買水」，意即向水神乞水來擦洗屍身。乞水時，孝男一手持鉢，鉢內放一塊白布條，另一手持幡，哀哭前往河邊或井邊乞水；請水到家時，其餘孝眷站立門前迎水入宅，用白布沾水，象徵性的為往生者擦洗身體。[6]南宋范成大《桂海虞衡志》〈志蠻〉云：

　　親始死，披髮持瓶甕，慟哭水濱，擲銅錢、紙錢於水，汲歸浴屍，謂之買水，否則鄰里以為不孝。[7]

　　故早在南宋時期，西原蠻族就有買水浴屍的習俗，而後漢人逐漸沾染此蠻俗，如清吳震方《嶺南雜記》云：

　　惠州人死未斂，親人至江滸望水號哭，投錢於水，汲而歸浴，以斂，此亦蠻風也。[8]

　　故惠州人在親人往生時，亦有前往江邊投錢買水，請水而

6　林蔚文，《中國民俗大系・福建民俗》(蘭州：甘肅人民出版社，2002)，頁249。

7　〔宋〕范成大，《范成大筆記六種》(北京：中華書局，2004)，頁138。

8　〔清〕吳震方，《嶺南雜記》(北京：中華書局，1985)，卷上頁17。

歸為亡者浴身的習俗。前清諸多地方志書亦收錄此一乞水習
俗，並有以「請水」稱之，如清乾隆28年（1763）《清泉縣志》
記載：

始喪，則鳴鑼請水於溪，以供浴，焚其臥薦。[9]

清光緒11年（1885）《耒陽縣志》記載：

未殯之先，鳴鑼請水於溪以供浴。[10]

臺灣相關地方志書亦有乞水沐屍的記載，如清《嘉義管內
采訪冊》記載：

將殮時，先沐浴，故子孫往長流潔淨之水，投錢取水於新
鉢，曰「買水」。[11]

另《南投縣志稿》亦記載：

先以錢幣作杯笅；乞求水神給予，如得聖杯，即表示水神

9　丁世良、趙放，《中國地方志民俗資料匯編－中南卷上》（北京：書目文獻出版社，
　　1995），頁546。
10　丁世良、趙放，《中國地方志民俗資料匯編－中南卷上》，頁542。
11　〔清〕未署名，《嘉義管內采訪冊》（臺北：臺灣銀行經濟研究室，文叢58，
　　1959），頁19。

答允其所請，長子乃將陶碗朝逆水方向淘水。[12]

據《臺灣地區現行喪葬禮俗研究報告》記載：

乞水（亦名買水或請水）：乞水為供亡者浴身之用。孝男捧
陶缽，率喪家遺屬（均著孝服），由忤（仵）工引至附近溪邊或
水井，燒香後用兩個銅錢擲筊，俟得聖筊，再將兩個或四個銅
錢投入水中，意為買水。再燒金紙後汲水盛缽，汲水係逆水汲
取。[13]

故臺地喪葬禮俗的乞水又稱「請水」、「買水」，係由孝男
手捧陶缽至溪邊或水井邊，由於水有水神，故均需擲筊請示水
神，得到聖栖才可舀水，並向水中投入銅錢，同時燒化紙錢做
為買水的報酬。

三、新春汲水

鈴木清一郎在《臺灣舊慣習俗信仰》〈新春汲水〉記載：

從前還沒有自來水時，使用井水，初一早晨第一次去打井
水時，要先在井口放金紙，然後才能打水，意思就是祭拜「古

12　丁世良、趙放，《中國地方志民俗資料匯編－華東卷下》，頁1695。
13　江慶林，《臺灣地區現行喪葬禮俗研究報告》（臺北：中華民國台灣史蹟研究中心，
　　1983），頁19。

井神」（井神）。其實，也是重視水源的一種原始心態。[14]

　　早期臺灣人一年四季均以汲取井水維生，每逢農曆大年初1清晨第一次打井水時，會先在井口放上金紙祭拜井神，藉此感謝井神終年提供乾淨的水源，達到飲水思源的目的。

四、端午取午時水

　　「午時水」專指端午節當天正午所汲取的井、河、泉水等，因該日午時為一年中陽氣最盛之時，人們相信其水具有百毒不侵的功效，宋《歲時廣記》記載：

> 沐井水
> 瑣碎錄：五月五日午時水，取井花水沐浴，一年疫氣不侵。[15]

　　故自宋時人們便相信用端午節當日的純陽之水來沐浴或擦拭身體，可藉此淨身除穢、常保一年疫氣不侵的功效。清光緒32年（1906）富察敦崇著《燕京歲時記》記載：

> 京師諺曰：善正月，惡五月。
> 按荊楚歲時記：五月俗稱惡月，多禁忌。忌曝牀薦席及修蓋房屋。夫荊楚之與燕京，相去遠矣，而自昔風俗有相同

14　鈴木清一郎，《增訂臺灣舊慣習俗信仰》（臺北：眾文圖書，民78），頁434。
15　〔宋〕陳元積，《歲時廣記》（臺北：新文豐出版公司，1984），頁244。

者。[16]

自古農曆五月為惡月、毒月，有諸多的禁忌，所以家家戶戶於門口掛菖蒲、艾子，以禳不祥，中門黏貼天師、鍾馗畫像或五毒符咒，以避祟惡。[17] 清乾隆23年（1758）潘榮陛撰的《帝京歲時紀勝》〈禁汲〉記載：

> 五月朔日，端陽日，俱不汲泉水，於預日爭汲，徧滿缸釜，謂避井毒也。[18]

前清時期，燕京民眾為了避農曆5月初1及初5的井毒，會在前一天汲取泉水，倒滿水缸。又清光緒年間的《安平縣雜記》亦記載：

> 五月五日，為端午節。……屆中午時候，家家競向井中汲水。名曰午時水。儲在磁罐，以備解熱毒之用。[19]

臺地的做法與京城恰好相反，卻是在5月初5端午節於中午爭相汲取井水，以備解熱暑之用，此後端午節取「午時水」

16 〔清〕富察敦崇，《燕京歲時紀》收入《燕京歲時紀‧帝京歲時紀勝》（北京：北京古籍，1981），頁69。

17 〔清〕富察敦崇，《燕京歲時紀》收入《燕京歲時紀‧帝京歲時紀勝》，頁65。

18 〔清〕潘榮陛，《帝京歲時紀勝》收入《燕京歲時紀‧帝京歲時紀勝》，頁21。

19 〔清〕未署名，《安平縣雜記》（臺北：臺灣銀行經濟研究室，文叢52，1959），頁22。

的歲時習俗一直被廣泛地流傳下來，各地除了一般民眾汲取「午時水」，臺南地區有許多的宮廟也會在端午節當天，開放民眾汲取午時井水，而臺南東門龍山殿、永康保安宮則是前往山裡汲取山泉水，並提供給民眾使用。

▌第二節　臺南民間信仰的請水

　　臺南地區民間信仰的請水活動相當的頻繁，其中以縣市合併前的舊南瀛地區最為盛行，綜觀臺南地區民間信仰常見的請水儀式，大致可分為以下幾種類型：

一、遙祭型的請水

　　在「神明生」前擇日恭請神明回到昔日先祖登陸地或近海處，舉行簡單或隆重的遙祭祖廟、列祖列宗的儀式，並於祭典過後進行請水儀式，此類型的請水以將軍溪流域的佳里興、學甲、將軍等區宮廟最常見。由於遙祭型的宮廟並未在請水地點

■ 將軍金興宮雖然每年請水，但遙祭祖廟的儀式並未年年舉行。　　■ 將軍巷口李聖宮在請水之後，另起烘爐請火，象徵請得祖廟香火。

臺南請水義式

安招軍旗，並在遙祭之後另進行請水儀式，極具飲水思源、追本溯源的意涵，故此地的人多將此儀式稱為「請水謁祖」；部分遙祭型請水的宮廟除了遙祭祖廟兼請水之外，還會舉行「請火」及「請香」的儀式。「請火」即是請烘爐火，象徵恭請到祖廟的香火，另有水火同濟之意；「請香」則是將一大捆線香交給爐主帶回宮去分給友宮或信眾，有「請頭香」或是「香煙傳萬代」的說法。遙祭型的請水又可分成以下兩種行為模式：

（一）先遙祭、後請水

請水當天，直接組團前往請水地點進行遙祭暨請水的儀式，此類型的宮廟有：

1. 學甲慈濟宮往將軍溪「上白礁」請水（含請火、請香）。
2. 將軍金興宮往將軍溪「上白礁」請水。
3. 將軍巷口李聖宮往將軍溪請水（含請火）。
4. 學甲寮慈照宮往將軍溪「上白礁」請水（含請香）。
5. 七股山仔寮龍山宮海坪仔遙祭湄洲祖廟暨請水。
6. 麻豆海埔池王府往蘆竹溝「上馬巷」請水（含請火、請香）。
7. 大灣清濟宮往蘆竹溝請水、火尋根謁祖祭典（含請火、請香）。
8. 將軍下山仔腳玉天宮往將軍溪出海口遙祭、請水。

（二）先進香、後遙祭、請水

請水當天，先前往祖廟或香火鼎盛的大廟進香過爐，回程再前往請水地點進行遙祭暨請水的儀式，此類型的宮廟有：

1. 學甲中洲慈福宮往南鯤鯓代天府、學甲慈濟宮、漚汪文衡殿進香，再往將軍溪遙祭、請水。
2. 佳里興蘇厝寮寶興宮往學甲慈濟宮進香，再往蘇厝寮溪或將軍溪白礁亭遙祭、請水。
3. 佳里溪洲永興宮往南鯤鯓代天府進香，再往雙春仔或蘆竹溝遙祭、請水。

二、謁祖型的請水

在宮廟慶典前，擇日恭請神明前往近海處，由主神靈駕自行返回福建祖廟謁祖，並於神明靈駕回鑾後，再進行請水儀式，此類型的宮廟在臺南地區僅仁德中洲保生宮一例。仁德中洲保生宮每逢重大慶典如慶成謝土、祈安建醮時，都會抬著保生大帝神轎前往高雄白砂崙海邊，恭送保生大帝神靈返回福建白礁慈濟祖宮謁祖，並於靈駕返回後，再進行請水儀式。[20]

三、溯源型的請水

在神明的起源發跡地、生前祖居地、金身撿拾地、生前飲水源地進行請水的儀式，同樣極具飲水思源、追本溯源的意

20　保生宮管委會，〈保生宮沿革〉（廟內碑記，1979）。

■ 醮典執事人員奉請聖爐立於進香旗旁，等待保生大帝降駕請水。（仁德中洲保生宮）

涵，此類型的宮廟有：

1. 麻豆代天府往水堀頭龍喉鳳穴恭請聖水（起源發跡地）
2. 將軍角帶圍興安宮往後港東楊家古宅遺址的古井請水（生前祖居地）
3. 將軍漚汪檳榔林昌安宮往將軍口寮魚塭請水（金身撿拾地）
4. 鹽水大豐南天宮蔡觀音往庄中古井請聖水（生前飲水源地）

麻豆代天府水堀頭龍喉鳳穴恭請聖水，係源於昔日五府千歲王船漂流至此，庄民在此搭建草寮奉祀；將軍角帶圍興安宮

■ 角帶圍興安宮楊府元帥回到昔日楊家古宅遺址的古井請水，頗令人觸發思古之幽情。

楊府元帥前往後港東天后宮東側的古井請水，係因此地曾為楊府元帥生前的祖厝；將軍漚汪檳榔林昌安宮城隍境主每年前往將軍口寮魚塭請水，係因昔日境主公神像於此地魚塭撿拾。鹽水大豐南天宮在2018年初舉行百年大醮，依中部道長科儀需前往昔日庄中的飲水源地請古井水，主要做為清淨醮壇聖域及謝土儀式使用；另一方面，廟方也按照蔡觀音指示另外裝一小瓶聖水，由廣澤尊王四太保乩身指示爐主倒入廟前月眉池內。

四、招軍型的請水

臺南地區的請水儀式大致以招軍儀式最為常見，法師行話稱「抾（khioh）水兵」、「招賢納士」、「謁水請將」，也就是藉著招募無祀的孤魂野鬼，成為神明的營兵營將。由於請水儀式必須在水域邊進行，透過「請神」儀式恭請水府諸神如水府扶桑大帝、九江水帝、水府城隍、河濟江淮四瀆源公、四海龍王、溪津仙女以及鎮海將軍、海口土地等神祇做主，而這些無祀的

孤魂野鬼係由「水府」管轄，故以「水府水兵」或「水府水將」稱之，簡稱「水兵水將」。一般宮廟主神在兵源不足的時候，多會透過請水儀式來招募水兵水將，也有部分地區透過「刈火」、「請水火」、「安招軍旗」的方式，同樣可以達到招軍買馬的目的。臺南地區常見的請水水域包含八掌溪、急水溪、將軍溪、曾文溪、蘆竹溝、馬沙溝、雙春、安平及三鯤鯓等近海處，也有遠至高雄茄萣、旗津、彌陀、永安等海域請水招軍。

臺南地區的招軍型的請水大致可分為4種類型：

（一）過路請水

先前往祖廟，或香火鼎盛的大廟進香過爐，回程再前往請水地點請水，藉此招募水兵水將，但並未在請水地點安招軍旗或水牌，其請水模式與前述「遙祭型」請水中的先進香後遙祭、請水的行為模式相近，但並未有任何遙祭祖廟或列祖列宗的行為，其請水地點也與神明沒有淵源，故又稱「過路請水」。此類型的宮廟每年固定在神明聖誕或廟慶前舉行，有固定的請水水域，每年固定舉行的有：

1. 七股後港西唐安宮往南鯤鯓代天府進香，回程往將軍溪請水。
2. 七股頂潭永安宮往府城東嶽殿進香，回程往頂寮中排圳溝請水。
3. 北門蘆竹溝西天宮往南鯤鯓代天府進香，回程往蘆竹溝漁港請水。

4. 學甲頂洲福安宮往南鯤鯓代天府進香，回程往八掌溪請水。

固定3年或4年一科的宮廟有：

1. 佳里興東池宮往南鯤鯓代天府進香，回程往雙春仔請水。
2. 七股頂義合保安宮往學甲慈濟宮進香，回程往將軍溪白礁亭請水。
3. 北門溪仔寮南天宮往南鯤鯓代天府進香，回程往三寮灣溪請水。

北門溪仔寮南天宮每4年組團往南鯤鯓代天府進香，回程會前往庄南華光橋畔下的三寮灣溪進行請水儀式，其後有幾科

■ 七股頂潭永安宮每年往東嶽殿進香回駕，均在庄北臺17線圳溝旁請水。

中斷請水。2017年適逢進香請水科年，再度前往三寮灣溪請水，由於廟方延聘北高雄地區的法師，改於現場安招軍旗，並以請水、火的方式來招兵買馬，也改變了溪仔寮的請水習俗。

（二）插旗（水牌）請水

在請水數日前，先前往請水地點豎立招軍旗、水牌或招軍榜文，並在請水結束後，於現場焚化招軍榜文，再將招軍旗、水牌撤下帶回；部分宮廟在請水過後，會在回駕當天或是另外擇日進行安營換竹符的儀式，並於聖誕當天或當月的犒軍日「賞兵」，同時焚化招軍旗、水牌，亦有保留之下科使用的做法。此類型的廟宇因為有豎立招軍的旗幟、水牌或榜文，儀式較為隆重，亦須每日派人早晚上香或駐守現場。

也有因為安招軍旗嫌麻煩，因而徵得主神同意僅在請水數日前，

■ 招軍旗幟因地區性法派的不同，大致有招軍旗及水牌兩種類型。

由法師帶領委員前往請水地點燒香祭拜，如麻豆口番仔寮廍地朝天宮每逢謝土、建醮必舉行請水招軍儀式，適逢2017年農曆10月8日謝土，該廟於2017年農曆9月21日前往蘆竹溝請水招軍，但並未豎立招軍旗。據主導的佳里陳炳從法師表示，因為豎立招軍旗需要每日派人上香，較為麻煩，故經該廟主神天上聖母同意後，不採豎立招軍旗的方式，但仍於農曆9月16日帶領朝天宮全體委員前往蘆竹溝水域上香，昭告此地的英靈好漢前來參加招募，即屬不安招軍旗的請水招軍。

至於招軍旗幟大致以曾文溪流域為界，溪北地區含八掌溪、急水溪、將軍溪等地盛行招軍旗，溪南地區則以水牌為主；鹽水溪流域下游的永康、府城、安南等地以招軍旗為主；二仁溪流域下游仁德以招軍旗為主，至於上游的關廟田中、龜洞等地則以北高雄地區的長條型黑色招軍旗為主。此類型的宮廟有固定3至4年1科的請水科期，也有因為建醮、謝土等重大慶典，或神明開光、抓新乩等重要儀式而臨時舉行。

（三）請水香

關廟、龍崎山區一帶的「請水香」儀式又稱「刈水香」，即是透過請水、請火的方式來完成招軍買馬的目的。請水即是以酒瓶汲水，請火則是由法師以3支綁在一起的「暗八香」燒破覆蓋在淨香爐上方的紅布，點燃淨香爐（亦稱「降真爐」[21]、「降

---

21 降真原名「紫藤香」，為諸香之首，《本草綱目》木部34卷記載：「拌和諸香，燒煙直上，感引鶴降。醮星辰，燒此香為第一，度籙功力極驗，降真之名以此。」此請火之爐即取其降真之意，外形如同我們一般在點檀香的銅製淨香爐，內置火藥，用以點燃請火。

■ 關廟山區的田中、龜洞、布袋等區盛行請火得炁，又稱「請水香」。

■ 降真爐內裝填火藥並以紅線綁緊，再透過「暗八香」點燃噴發。

神爐」）中的火藥粉使其作用噴發，藉著五方降真氣（俗稱「得炁」）將水兵水將收入降真爐內，而燃燒所產生的煙飄向何方，也有所請的水兵水將來自此方向的說法。[22]「請水香」主要集中在二仁溪流域上游的關廟田中、龜洞、布袋及龍崎苦苓湖等區，如田中玉虛宮、聖帝殿、龜洞福安堂、布袋三官府及苦苓湖龍湖宮等。本區主要鄰近北高雄燕巢、田寮、阿蓮等區，深受北高雄地區請火招軍的影響，又保留臺南地區請水的習俗，多聘請北高雄地區的法師主持儀式。

（四）刈水火

又稱「請水火」，盛行於八掌溪中上游一帶的招軍儀式，主要以後壁上茄苳顯濟宮、下茄苳泰安宮、白河顯濟宮為中心的信仰圈為主，多事先前往水域豎立招軍旗，並於凌晨封閉廟門後出發，通常數年或數十年才舉行一次，其行為模式又可分為3種類型：

---

22 周宗楊整理，〈周炳輝訪談紀錄〉，2018年7月8日。周炳輝，柳營橋南太歲宮總幹事。柳營橋南太歲宮於2016年農曆8月9日延聘阿蓮楊法師前往六甲赤山巖進行請水、火儀式，此由阿蓮楊法師告知太歲宮周炳輝總幹事。

1.單純刈火：

以後壁上茄苳顯濟宮、下茄苳泰安宮、白河顯濟宮等廟為主，多在凌晨封廟門後組團前往溪水匯流處舉行，供桌香擔前方設有2至3個銅製淨爐，中間為主爐，主爐兩側為副淨爐，爐內均點著檀香；等到時辰一到，先拔起招軍旗，後由乩童徒手抓取，或以七星劍舀取副淨爐中的香火分3次置入主淨爐中，象徵將水兵水將收入淨爐內，再將主淨爐請入香擔內安置，隨即關上香擔兩扇門，貼上封條，回宮後再進行開廟門、合爐的儀式。

■ 乩童抓取淨爐中的香火置入香擔內的淨爐，藉著刈火將水兵水將收入爐內。

■ 後壁鎮安堂乩童巡視水路「刈水火」，並由爐主擺設祭品於岸邊。

2.請水、刈火：

後壁本協朝天宮每次「刈水火」，會先在廟中準備烘爐燃燒木碳，再將烘爐置入香擔抬往招軍水域；等到時辰一到，打開香擔添入檀香粉或木碳於烘爐內，乩童隨即手持茶壺步入水中請水，隨即關上香擔貼上封條，返廟後再將茶壺置於烘爐上烹煮，由爐主看顧適時加水，直到神明交代的天數才停止。[23]

---

23 周宗楊整理，〈林國雄、沈太平訪問紀錄〉，2018年1月20日，林國雄、沈太平為歷任主委。

臺南請水儀式

後壁菁寮後廊正心堂「刈水火」，先用烘爐起炭火，再將茶粕仔（壓榨茶油剩下的渣所製成）置入烘爐內燃燒，再取一塊燒紅的茶粕塊置入淨爐內，然後將淨爐置於面海的香案前，等到神明降駕帶領爐主衝入海中請水後，再將聖水分三次少量地倒入淨爐內，最後再將淨爐請入香擔，由爐主以扁擔肩扛香擔與烘爐，水爐請至張府媽祖神轎內安置。回庄遶境時，廟方不時將烘爐內的茶粕塊置入香擔內的淨爐，並於回宮之後，將淨爐內的香火分別置入廟內的爐內「合爐」。

■ 後壁正心堂先請水，再將聖水分三次少量倒入淨爐內合水火。

3. 安招軍旗：

後壁藥店口鎮安堂每4年舉辦的「刈水火」儀式，均在前往南鯤鯓代天府進香過夜，翌日清晨回駕後，再前往招軍水域邊進行，其儀式並沒有請水、刈火等行為，僅在水域邊由乩童躍入水中巡水路，再於指定地點由爐主擺設祭品、安黑令旗（招軍旗），並由宋江陣排八卦後，燒金鳴炮即宣告完成。

五、迎神型的請水

請水的目的在迎接神明上岸，亦有神明「走水路」而來的

涵意，臺南地區常見的請水迎神大致有4種類型：

（一）請宋江師傅、梁山人馬

西港檨仔林鳳安宮每逢丑、辰、未、戌年參加西港慶安宮「西港仔香」，在宋江陣「入館」前，會步行前往曾文溪畔舊厝地請水，「遙請梁山好漢一〇八將人馬，推崇乙員好漢，代表梁山好漢，鎮守鳳安宮田都府臨時行館」，[24] 藉此保佑鳳安宮宋江人員操練、出陣平安。

（二）請廣澤尊王、妙應仙妃及太王、太妃

臺南地區部分廣澤尊王廟會在農曆8月22日聖誕前，或是重大慶典前，透過特定儀式如請水、送請親船等方式，來迎請福建泉州南安詩山鳳山寺的廣澤尊王、妙應仙妃及太王、太妃

■ 西港檨仔林鳳安宮3年1科前往曾文溪畔請水，恭請宋江師傅上岸。

---

24 陳己仁，〈鳳安宮戊戌科入館請水疏文〉，2018年3月11日。陳己仁，善化陳必芳法師兒子，為戊戌科鳳安宮請水儀式法師。

臺南請水儀式

前來參加慶典，以盡孝道，如北門永隆宮有不定期送「請親船」的習俗；北門二重港仁安宮、安南區鹽田永鎮宮則是透過請水的方式來迎請廣澤尊王、妙應仙妃。

（三）迎請代天巡狩

透過請水的方式來迎請代天巡狩蒞臨，主要集中在屏北地區的長治鄉番仔寮惠迪宮、鹽埔鄉彭厝建安宮、仕絨三聖宮等，臺南地區較為少見。關廟田中玉虛宮於2014年前往曾文溪「請水香」，恭請代天巡狩十二瘟王封、盧、侯千歲回宮，並於2015年農曆5月12日設立千歲府，開光封、盧、侯千歲紙糊金身及王船一艘供奉於千歲府內；南廠水門宮2014年舉辦一朝王醮，於農曆甲午年閏9月初3日前往四鯤鯓海域請水、開光，透過請水迎請代天巡狩范府千歲上岸，並於現場開光范府千歲、中軍府、天上聖母及天兵天將等紙糊金身。

■ 關廟田中玉虛宮千歲府奉祀封、盧、侯千歲，係前往曾文溪請水迎請上來的代天巡狩。

■ 南廠水門宮前往四鯤鯓請水迎王，恭請代天巡狩范府千歲上岸。

（四）迎請同胞祀神

麻豆大山宮曾於2011年農曆8月13日前往北門蘆竹溝請水，藉此遙拜祭祖、謁水請將，同時迎回李府三千歲神駕返回大山宮，後於2013年雕刻金身供奉。

六、迎靈型的請水

透過請水儀式引渡水中的孤魂野鬼上岸，接受祭拜或法會的安靈超渡儀式，如高屏地區下淡水溪的義勇公祭典，主要在祭祀清乾隆52年（1787）林爽文事件犧牲的萬丹許舉人與下淡水溪沿岸磚仔磘、崙仔頂、大溪洲（大溪洲、六塊厝、頭前溪）、大寮（上大寮、下大寮、潮州寮、溪埔寮）、磚仔磘寮、無水寮等六大庄頭的義勇軍。每逢農曆10月2日，該6大庄頭的庄民家家戶戶擺設香案祭拜祭勇公，並由六大庄輪流做大功（大祭典），在下淡水溪河畔設立祭壇，然後再前往出事的下淡水溪畔請水，再將水爐請回祭壇安座，象徵把義勇公請上岸接受庄民的祭拜。[25]

臺南七股十分村正王府曾於2012年農曆9月9日至9月15日舉辦「三曹正官正王佬水返潮萬法歸宗安靈薦祖大聖會」，廟方於2012年10月21日前往曾文溪出海口請水，象徵將沈沒於臺灣海峽的古靈請回正王府，來參加安靈薦祖法會。安定蘇厝真護宮每逢丑、辰、未、戌年舉辦五朝王醮，在第4日下午

---

25 李明進，〈萬丹許舉人與下淡水溪義勇公的歷史事蹟〉，《屏東文獻》7（屏東：縣府文化局，2003），頁87-89。

■ 安定蘇厝真護宮王醮放水燈時，會另外請水引靈回宮參加普度。

■ 屏東大洲超峰寺於2018年做大功，前往下淡水溪請水迎請義勇公上岸。

前往曾文溪放水燈時，廟方會以水桶汲水，然後置於衙門東轅門外的男堂、女室前方，象徵迎請孤幽一同回到醮場參與隔日的普度祭典。

七、儀式型的請水

因應某些特定儀式需要而進行的請水行為，此類型的請水跟迎請水兵水將、迎神、迎靈較無關係，並不能以「謁水」稱之，此種請水大致可分為3種類型：

（一）取王船水

臺南地區王船醮典的取水儀式，主要因應打造王船時的「安龍目」、「出澳」、「拋碇」等儀式需要，由於未有迎靈上岸的性質，故多以「取水」稱之，當地亦有稱「請聖水」的說法，同屬臺南民間信仰請水文化的一環。曾文溪流域的佳里金唐殿、西港慶安宮的取水儀式，多由祭祀人員自行取水混合；蘇厝長興宮、真護宮在舉行王船「請艌」儀式時，亦會以茶壺至

曾文溪汲水，作為「請艍」回程、送船開水路之用。許縣溪流域的歸仁仁壽宮、歸仁大人廟、關廟山西宮等廟，則會進行較隆重的取水儀式，由於用途較廣，所取的水量也相當的多，據〈歸仁仁壽宮乙未年（2015）五朝王醮取水科儀活動規劃〉詳列取水用意，其記載如下：

1. 王爺（代天巡狩千歲爺）進駐王府時所需的日常用水。
2. 王船完成出廠時，作為「安龍目」的「龍目水」。民間相信龍目水有千歲爺加持，可以求平安，所以到時會有「乞龍目水」讓民眾來取用（王船師淋水）。
3. 王船出廠定位後會有「下碇暫泊」儀式的用水（類似現在的下水儀式）。
4. 當做送王船「開水路」儀式時，象徵性潮水已到用水（王船師要提水桶向船頭尾潑水），也就是所謂的「出澳」儀式。[26]

曾文溪流域的安南區土城仔鹿耳門聖母廟，在3年1科的「土城仔香」時，同樣會至「舊廟地窟」取水，因應王船出澳儀式的灑水開水路、落碇所需，亦或化符入水供信眾飲用「食平安」。早期多由廟方人員於清晨時卯時自行前去取水，但自乙未科（2015）起，改由主行科事的道長主持隆重的「取王船水」的儀式，廟方也出轎參與盛會。

---

26 未署名，〈歸仁仁壽宮乙未年（2015）五朝王醮取水科儀活動規劃〉（廟內文宣）。

臺南請水儀式

■ 1 蘇厝地區的王醮在「請艤」時順便請水，做為回程及送王開水路之用。（安定蘇厝長興宮）
■ 2 南關線的王醮在造船時，多會請聖水供作王府、王船用途。（歸仁仁壽宮）
■ 3 王船安龍目後的龍目水以水塔盛裝，供信眾取用。（關廟山西宮）

（二）清淨醮場的請水

中北部正一派的道士有在醮典儀式中，恭請水神賜予龍水以清淨道場之儀式，如劉枝萬於《臺灣民間信仰論集》〈桃園縣龍潭鄉建醮祭典〉一文記載：

未幾，由黃道士一人主持，在廟口，將蒙住大士爺像頭部之紅紙除去，用朱筆與鏡，為大士爺開光點眼，同時亦對神虎將軍像，復行如是，然後將鏡供奉於大士爺前香爐內，謂之「大士開光」。旋即由道士三人主持，舉行「請水」儀式於廟北小河畔，汲水返回道場，謂之「請水官淨壇」。[27]

---

27 劉枝萬，《臺灣民間信仰論集》（臺北：聯經，1983），頁218。

另據謝宗榮撰《臺灣的道教文化與祭典儀式》〈大龍峒保安宮癸未年三朝慶成醮醮典行事〉記載：

　　科儀移至保安宮後埕靠東護室旁的一口龍井前進行，在玻璃井蓋之上排設香爐、金紙、水果等以供養水府諸神，並事先準備一桶清水，在請水之後化符清淨備用。請水科儀在高功祝香、請神之後，即宣誦請水牒文一封，牒文中明白表示祈請水府解厄真君、管水使者賜予清淨泉水，以供醮筵中清淨醮壇之用。[28]

■ 官田南廍福安宮 2012 年前往麻豆水堀頭請龍喉聖水，回宮後沿途灑淨醮場聖域。

　　臺南地區部分宮廟若有聘請中北部的道長主持醮典儀式，亦會進行隆重的請聖水儀式，如西勢廣興宮於 2010 年舉行庚寅年慶成謝恩五朝祈安清醮，當時聘請臺中市西屯區何厝派靈安壇何永隆道長主行科事，並在農曆 9 月 21 日午時前往許縣溪恭請聖水；麻豆代天府與官田南廍福安宮在 2012 年分別舉

28　謝宗榮，《臺灣的道教文化與祭典儀式》（新北：博揚文化，2014），頁148。

行七朝及五朝祈安清醮，兩廟均聘何永隆道長主行科事，並在「入醮」前，前往麻豆水堀頭恭請龍喉聖水，回程再由爐主沿途灑水清淨醮場聖域。鹽水大豐南天宮於2018年初舉辦丁酉年慶成謝土三朝祈安清醮，同樣聘請何永隆道長主行科事，故於「入醮」前，前往昔日庄民飲用的龍井恭請聖水。

（三）澎湖小法的請水

臺南地區的澎湖移民廟若舉行入火安座儀式時，必先恭請神像過五營火，然後再進到廟內入火安座。由於儀式過程中必於廟埕安置五營柴堆、引火、翻火、過火，為了避免過火時造成傷害，會事先以陶甕請井水置於廟埕北方的神桌，取其北方壬癸水之意，有防範過火時造成火燬的傷害，[29]此儀式在臺南地區較為少見。

■ 澎湖廟入火安座時會在廟前發五營火，並請乩童「翻火」。（高雄大社崇鳳宮）

■ 以陶甕請水置於神案上，有防範入火安座過火時造成火燬的傷害。（高雄大社崇鳳宮）

29　甘村吉、陳定國，《澎湖宮廟小法與祭祀科儀》（澎湖：澎湖縣文化局，2014），頁113。

■ 第三節　遙祭、溯源請水之探討

　　臺南地區請水的類型大致可分成遙祭型、謁祖型、溯源型、招軍型、迎神型、迎靈型及儀式型的請水，除了遙祭型、謁祖型、溯源型的請水多半具有飲水思源、追本溯源的意義外，其餘類型的請水目的均十分清楚。遙祭型、謁祖型及溯源型的請水，其目的是否單純只有飲水思源、追本溯源的意義呢？還是另有招兵買馬的性質？筆者在與將軍溪流域經常舉辦遙祭、溯源型請水的法師訪談得到的結果，多數法師認為請水的目的即是在「請水兵」；亦有法師認為即便是舉著「請水謁祖」的旗號，仍就會在請水地點招募一些水兵水將回去，回程才會有安營換竹符的行程，[30]也就是「謁祖兼招軍」；亦有法師認為在一口古井、一池魚塭請水，又何來有水兵水將可請，故筆者就臺南地區宮廟請水的實際案例，提出幾個觀點論述如下：

一、遙祭祖廟不一定要請水

　　學甲慈濟宮「上白礁」祭典包含遙祭祖廟暨請水、火、香等儀式，祖廟來自福建青礁龍湫庵的佳里青龍宮保生大帝自2009年開始，每年農曆3月15日「大道公生」前，必擇日前往西港土庫庄舊廟遺址的青礁亭舉行「上青礁」的遙祭祖廟祭典。除了2006年2月曾於舊廟地豎立招軍旗請水招軍，並將

30　學甲慈濟宮上白礁、大灣清濟宮謁祖、海埔池王府上馬巷謁祖，請水當天均會將竹符擺在水邊，代表在該水域謁祖同時，亦招募一些水兵水將，回程當天或隔天再進行安營換竹符儀式。

■ 善化崁頭普安宮與麻豆東溪州普何宮於2011、2017年前往將軍漁港遙祭，但並未請水。

招募的兵馬統一由南寶樹脂工廠附近的三聖公廟管轄外，每年的「上青礁」遙祭祖廟祭典均未曾舉辦請水儀式。此外，奉祀普庵祖師的善化崁頭普安宮與麻豆東溪州普何宮於2011年、2017年底奉神旨意前往將軍漁港舉行遙祭大陸祖廟的儀式，但此兩廟並未於將軍漁港請水，由此可知一般宮廟在遙祭福建祖廟的同時，並不一定要請水，如果有進行請水儀式，應該另有其他的目的。

二、有「請水招軍」無「請水謁祖」

學甲慈濟宮每年在頭前寮將軍溪畔舉行「上白礁」祭典時，許多分靈廟也都會組團前來參加，大多數的人認為這是恭請神明回到昔日登陸地遙祭祖廟，同時進行請水儀式，極富飲水思

源、請水謁祖的意義。當慈濟宮舉行遙祭祖廟的儀式時，現場陸續有慈濟宮的分靈廟相繼到將軍溪請水，學甲寮慈照宮也在慈濟宮請完水後，接著下去請水。筆者曾詢問主持慈濟宮21年請水、火、香儀式的學甲山寮王朝文法師，請水的目的為何，得到的答案是「大道公請水兵」；筆者前往慈照宮詢問，也得到相同的答案。人類學者林瑋嬪曾在1995年與2001年記錄學甲慈濟宮「上白礁」祭典，在其發表的〈血緣或地緣？臺灣漢人的家、聚落與大陸的故鄉〉論文中，也有「舀（請）水」是在「請兵」的看法：

　　如果詢問一般學甲民眾「舀水」或「請水」之意，大多數人都會提到它與「飲水思源」相關。當筆者請教負責執行此儀式多年的法師「舀水」以及他所誦念經文的意涵時，他解釋「舀（請）水」就是在「請兵」，他所誦念的經文內容大意是希望水中的「水關關主」能「出（較）好兵將給神明使用」…
　　由此，我們不難瞭解「上白礁」除了是「向白礁鄉祭祖」外，也是以「舀水」的方式來「舀兵」或「請兵」。我們從學甲鄉民由於無法回到大陸母廟進行刈火，因而在當初著陸的地點對著大陸白礁鄉「舀水請兵」，也可進一步推測此儀式具有「呼請」故鄉祖廟兵將渡海而來的意涵。因此舀起來的水便是有調請對岸家鄉兵將來到此岸，並與這裡的子孫回到學甲保護這裡的鄉民之意涵。[31]

---

31 林瑋嬪，〈血緣或地緣？臺灣漢人的家、聚落與大陸的故鄉〉收入中研院民族學研究所，《社群研究的省思》（臺北：中研院民族學研究所，2002），頁134。

臺南請水儀式

學者林瑋嬪亦認為「請水」是在「請兵」，但她似乎誤解了法師所說「希望水中的『水關關主』能『出（較）好兵將給神明使用』」的意思，她誤解成「舀水請兵」是在呼請故鄉祖廟的兵將渡海來臺的意思。其實此「水關關主」通常指的是法師所呼請的一些司水之神，如水府扶桑丹霖大帝、九江水帝、水府城隍、河濟江淮四瀆源公、四海龍王、溪津仙女等神祇，另外還包括該水域岸上的鎮海將軍、海口土地或山神土地等。由於水兵水將統歸此地域、水域的自然神祇管轄，透過法師的落壇請神、舀水招兵，祈求司水之神撥下一些勇兵猛將給保生大帝帶回去保境安民。

■ 學甲慈濟宮每年安營換竹符，將請水收編的水兵水將派駐在外五營。

　　就請水的儀式而言，白礁亭的遙祭儀式結束後，接著由法師進行請水的相關儀式，依序在白礁亭內清壇、請神，然後法

師來到將軍溪畔調營，並將五營竹符擺在岸邊，代表在大道公即將在該水域招募一些水兵水將，同時收編到五營旗及竹符內，當法師將線香投入將軍溪中時，也象徵三壇法師代表保生大帝行「請香禮」迎請水兵水將上岸，接著法師帶領爐主走入將軍溪中請水，並於農曆3月14日傍晚進行安營換竹符的儀式，正式將收編的水兵水將派駐在外五營內，擔負起保境安民的任務。

■ 招軍旗書寫「添兵補將、豎旗遙祭、請水思源」，一次滿足3種願望。（七股水師寮天南宮）

三、「遙拜祭祖」同時「謁水請將」

　　將軍溪流域的宮廟盛行在每年的「神明生」前，組團前往昔日先祖登陸地進行遙祭暨請水的儀式，如學甲中洲慈福宮、將軍巷口李聖宮等；固定4年1科有佳里興蘇厝寮寶興宮；3年1科有佳里溪洲永興宮、將軍下山仔腳玉天宮、麻豆海埔池王府。從事這些宮廟請水儀式的法師在帶領爐下弟子恭讀疏文時，均以「遙拜祭祖、謁水請將」來彰顯此行請水的目的，也就是在昔日先祖登陸地遙拜祖廟及列祖列宗時，同時藉著請水儀式來招募水兵水將回宮效力，此種請水的特點如同學甲慈濟宮「上白礁」請水一樣，並未事先前往請水地點安插招軍旗。

四、「請水招軍」亦可「請火謁祖」

　　在請水地點插招軍旗請水，同時遙祭祖廟並請火的宮廟有佳里興震興宮、仁德六甲仔清水宮。佳里興震興宮的清水祖師昔日自福建泉州安溪渡海來臺，因無法回大陸進香謁祖，所以每隔3年前往蘆竹溝插旗請水招軍，同時「請火」；仁德六甲仔清水宮於2018年農曆6月13日舉行新廟入火安座，廟方於該年農曆6月3日前往四鯤鯓海邊進行請水、火儀式，由於清水祖師同樣來自福建安溪，故永康楊平星法師徵得清水祖師的同意，藉著北高雄地區盛行的點燃降真爐請火儀式，來象徵請到安溪祖廟的香火，[32]並透過插旗招軍請水的儀

■ 在請水的地點透過請火的儀式，象徵迎請到祖廟的香火。（仁德六甲仔清水宮）

32　周宗楊整理，〈楊平星法師訪問記錄〉，2018年6月3日，永康西勢執業紅頭法師。

式，招募水兵水將回宮效力。此外，善化茄菝天后宮的天上聖母來自福建湄洲，故每隔4年前往鹿耳門溪出海口插旗請水招軍，同時遙祭湄洲祖廟。由上述的例子可知，在遙祭祖廟的同時，進行插旗招軍請水，其請水的目的在於招軍，但在請水地點可以透過「請火」的儀式，象徵迎請到祖廟的香火。

五、神靈謁祖、回駕請水

「謁祖型」的請水是指神明靈駕親自飛回福建祖廟謁祖，如仁德中洲保生宮每逢重大慶典如謝土、建醮等，都會組團前往高雄白砂崙海邊，恭送保生大帝神靈回白礁祖廟謁祖，並在神靈回駕後請水。2015年舉辦三朝慶成祈安建醮大典，廟方於農曆11月初3抬著保生大帝神轎前往高雄白砂崙海邊，同時在海上插上「保生宮保生老、二、三大帝擇於乙未年祈安建醮往白礁祖廟謁祖迴駕請水賜福罡」的紅色進香旗，等到保生大帝靈駕前往白礁祖廟進香謁祖回駕後，廟方隨即「觀大轎」發輦之後，再進行請水的儀式。負責儀式的仁德靜玄壇林清塗法師認為，保生大帝在回駕之後進行請水，同時把現場有意投軍食（tsiah）糧的水兵水將帶回宮去，協助建醮大典的維安工作。

六、飲水思源、溯源請水

在神明祖居地、撿拾地、發跡起源地、或飲水水源地請水，筆者將其定義為「溯源型」的請水，也就是飲水思源、追本溯源的意思。將軍角帶圍興安宮每逢民國奇數年的農曆6月20日楊府元帥聖誕當天，固定組團前往後港東天后宮東側楊府元帥

生前古厝遺址請「古井水」，據佳里黃茂霖法師所寫〈請水疏文〉記載：

> …眾委監，眾爐下，偕合境人等，祈求消災改厄，保安植福。茲因為興安宮楊府元帥、南海佛祖、九天玄女、黑虎將軍聖誕千秋，往清水墩謁祖，恭請鎮海將軍、海口土地撥猛、勇、有威力水兵水將，跟隨楊府元帥、南海佛祖、九天玄女、黑虎將軍回駕，鎮守興安宮，行醫救世萬萬年。…[33]

故由疏文可知，楊府元帥回到生前祖居地請「古井水」，除了溯源祭祖，另一方面祈求鎮海將軍、海口土地撥下勇兵、猛將回宮效力。將軍漚汪檳榔林昌安宮城隍境主神像原係於將軍口寮魚塭撿拾，故每年農曆 5 月 11 日「境主公生」當天前往將軍口寮魚塭請水，同樣負責請水儀式的黃茂霖法師表示，此係城隍境主回到撿拾地請水招軍，並於回駕當天進行安營換竹符的儀式。

麻豆水堀頭原為倒風內海西南邊的麻豆港遺址，為龍喉鳳穴之好地理，昔日五府千歲的王船漂流至此，麻豆人將神像和王船一同供奉在水堀頭後牛稠的草寮內，後來臺灣知府蔣元樞暗中敗其地理，導致王船流走。1956 年農曆 3 月麻豆迎請五王回鑾遶境，各角頭輪流賞兵，至農曆 4 月 6 日五府千歲「降青龍」往水堀頭插香，命人丁開龍喉、掘石車，自此龍喉鳳穴地

---

33 黃茂霖，〈角帶圍興安宮請水疏文〉（儀式文疏，2015 年 7 月 23 日）。

■ 麻豆代天府每科刈香時，均按五王指示前往龍喉請聖水，以示淵源流長。

靈恢復，來自全省善男信女求乞龍喉水、塗敷龍鳳土，有病人均無不痊癒。[34] 麻豆代天府於 1976 年丙辰科、1988 年戊辰科建醮，均前往水堀頭尋根探源請聖水，據《麻豆代天府戊辰年黃籙祈天大醮醮誌》記載：

> 請聖水儀式先由法師作法後，主任委員呂廷復親自汲取龍鳳穴井內五桶「聖水」，倒入聖水轎內預置圓鼎，封上五府千歲符令。該把「聖水鼎」係丙辰科建醮舊鼎，五桶聖水代表五府千歲淵源流長，根深葉茂。[35]

---

34 陳仁德，《臺南縣市寺廟大觀》（高雄：興臺文化，1963），頁227。
35 呂廷復，《麻豆代天府戊辰年黃籙祈天大醮醮誌》（臺南：麻豆代天府管委會，1988），頁40。

往後每逢建醮或丑、辰、未、戌年麻豆刈香，若五王有指示均會前往麻豆水堀頭請聖水，以示淵源流長，根深葉茂。另據主持請水的法師徐勝輝表示，聖水多以水桶封存，再請回廟中神房安置，只有在五王要以聖水為信徒治病或其他用途時，才會取出使用，[36]故麻豆代天府往龍喉請聖水並沒有請水兵水將的目的。

　　鹽水大豐南天宮2018年初舉辦丁酉科慶成謝土三朝祈安清醮，由於聘請臺中何厝派靈安壇何永隆道長主行科事，因應清淨醮壇及安龍科儀之需要，該宮於農曆11月15日前往昔日庄人汲水維生的龍井取聖水，除了汲取醮典使用的聖水，蔡觀音也指示汲取一個塑膠米酒瓶的聖水，由廣澤尊王乩童帶領肖龍的男丁將聖水倒在廟前觀音亭的兩側的月眉池內，以完成蔡觀音諭示的「合聖水」飲水思源的儀式。

■ 鹽水大豐南天宮廣澤尊王乩童指示肖龍男丁將聖水倒入月眉池內，藉此「合聖水」。

36　周宗楊整理，〈徐勝輝訪問記錄〉，2018年5月13日，麻豆執業紅頭法師。

七、迎請祖源的聖水、聖火

　　下營金罡天脈慈德鸞堂與學甲慈聖宮係屬家庭式神壇，2017年共同組團前往蘆竹溝漁港請水、火，其目的主要迎請祖源聖水及聖火回宮安座，故並未有任何請水招軍的性質。儀式中東王聖帝與池府千歲乩童率領眾人來到水域邊，先指示眾人汲取4缸聖水，再以暗八香及打火器點燃淨香爐中的檀香，藉此完成迎請祖源聖水及聖火的儀式，最後東王聖帝女乩童蹲下身體直接以手掬取蘆竹溝的水來飲用，藉此「飲水」思源，也為將軍溪流域的請水文化增添一起特殊的案例。

■ 下營金罡天脈慈德鸞堂至蘆竹溝漁港請水、火，其目的主要迎請祖源聖水及聖火回宮。

小結：

　　一般宮廟為補足兵源的不足，除了回祖廟進香領兵外，另一種方式便是自行招募，臺南地區招募兵馬的方式之一，即是透過請水的儀式，前往水域招軍請水，透過瓷甕或陶缽汲取聖水，象徵把水兵水將帶回宮去，如同回祖廟進香過爐，透過淨香爐舀取祖廟的香火，得以把祖廟撥下的兵馬帶回宮去；而神明在登陸地或起源地進行請水儀式，人們著重其「飲水思源」

臺南請水儀式

的象徵意義及「遙祭祖廟」的謁祖儀式，也就產生了「請水」等同「謁祖」的觀念。

因此，筆者認為「遙祭型」的請水，其目的在於「遙拜祭祖、舀水請將」；「謁祖型」的請水，其目的在於「靈駕謁祖、請水抾（khioh）兵」；而「溯源型」的請水，僅將軍角帶圍興安宮楊府元帥請「古井水」與漚汪檳榔林昌安宮城隍境主請「魚塭水」，有請水兵水將的目的，其他如麻豆代天府往水堀頭請「龍喉水」、鹽水大豐南天宮往水源地請「古井水」及下營金罡天脈慈德鸞堂往蘆竹溝請「祖源聖水」，並未有任何招軍請兵的行為與目的。

第三章

謁水請將的意涵
與具象

■ 第一節　水兵水將與五營

　　臺灣民間信仰中的神兵神將主要以五營兵將
最為常見，不論是奉祀在宮廟內部的五營旗，或
是佇立在聚落五個方位的五營厝，均是地方宮廟
神明所轄兵馬的象徵，加上透過道士或法師行科
演法所召請的天兵天將、地兵地將、雷兵雷將、
獄兵獄將，及回祖廟進香請領的火兵火將，請水
招軍所招募到的水兵水將，構築出臺灣民間信仰
的防禦體系，共同維護人、鬼、神三界的空間秩
序。

　　臺南地區的法師多有將招軍請水的兵馬稱為
「水兵水將」，回祖廟進香請火請領的兵馬稱為
「火兵火將」的說法，這也是一般宮廟五營兵將
組成的兩大基本來源。一般祖廟撥下的火兵火將
是屬於受過正規訓練的兵馬，而請水招募的水兵

水將則屬於未受過正規訓練的雜牌軍，通常還需要受過一段時間訓練才能任用。自祖廟請領的火兵火將與請水招募的水兵水將，原則上多統一分配到內、外五營的編制中；也有宮廟採分開紮營的作法，如學甲頭港鎮安宮的玄天上帝轄有6營兵馬，除了一般的五營外，還有1營水兵水將；永康保安宮則將水兵水將以竹符的形式安置於廟後梧桐樹下，以與廟前榕樹下的五營營厝區別，但在犒軍的時候，亦會在廟後準備供品祭拜，同時邀請水兵水將一同到廟前接受犒賞。善化道元堂則在請水現場開光「水府水兵敕令」及「水府水將敕令」的令旗，讓水兵水將得以令旗的形式存在於廟中，以與廟中五營旗作區別。

　　臺南地區的法師或部分小法團在調兵時唱誦的〈調兵神咒〉中，對於各種兵馬前來法壇時配屬的位置，也有詳細的記載，

■ 永康保安宮的水兵水將安在廟後梧桐樹下，以與廟前的五營營厝區別。

如臺南和玄壇的召東營神咒如下：

召請（東方九夷軍，九夷馬，九夷軍馬九千九萬人）
人人頭載盔身披甲，手持（青）旗火焰槍
召請天兵無萬數，喝回地兵數萬人
天兵在吾左，地兵在吾右
水兵在吾前，火兵在吾後
吾法行使天地動，飛符走馬到壇前
寸寸斬不留停
神兵火急如律令[1]

　　和玄壇的召營神咒中，明確的規範天兵、地兵、水兵及火兵召請來的相關位置，由於一般宮廟五營兵將的組成多以祖廟撥下的火兵火將及請水招募的水兵水將為主，鮮少有常駐的天兵天將及地兵地將，因此法師在進行調營的同時，若一直苦無聖桮，法師也會將天兵天將、地兵地將、水兵水將、火兵火將總調請，直到聖桮落地為止。[2]

　　一般宮廟的五營兵馬常有因出任務、打仗而有損兵折將的情形發生，因此就需要適時添兵補將。就分靈廟而言，神明在聖誕前夕回祖廟進香過爐請火，同時請領祖廟所撥下來的火兵

1　曹育齊，〈府城普唵法教法師儀式之研究-以臺南和玄壇為例〉（嘉義：南華大學宗教學研究所，2013），頁86。
2　周宗楊整理，〈鄭麒驥訪問記錄〉，2017年8月10日。鄭麒驥法師，將軍青鯤鯓人，專職法師。

火將，對於祖廟撥付的配額不能滿足分靈廟的需求時，分靈廟就只能另行招募兵馬；就祖廟而言，祖廟為了滿足分靈廟前來進香領兵，也需適時的添兵補將。因此，來自祖廟撥下的兵馬同樣也是祖廟部分透過招募而來，經過訓練進而轉化為神兵神將。一般宮廟主神自行招募兵馬的方式，常見以下幾種：

（一）神明收服

在神明的出巡遶境活動中，行經經常發生事故的交通要道進行路祭，處理一些意外橫死的孤魂野鬼，一方面除了焚燒紙錢勸阻它們不要再作祟，另一方面採用招降的方式，將其收服成為神明的兵將。人類學者林瑋嬪曾在 2002 年前往臺南鹽水下林保生宮，提及鹽水下林里有一乩童早么子屢屢作祟要討金身，最後被大道公請佛祖媽、學甲慈濟宮的謝府元帥前來收服，由佛祖媽用「捆仙索」捆去做兵的例子。[3] 二鎮觀音寺曾於2011 年組團前往曾文水庫招軍請水，在回程進行平安遶境時，於南 113、南 118 鄉道交匯處收服了 1 位經常在此地作祟造成意外事故發生的好兄弟，並將其安排在外五營的中營駐守。[4]

（二）插旗招軍請土

在經常發生事故的交通要道豎立招軍旗，藉此招降此地作

---

3 林瑋嬪，〈臺灣漢人的神像：談神如何具象〉，《臺灣人類學刊》1：2（臺北：中研院民族學研究所，2003），頁 124。作者在其論文中將鹽水下林村以「萬年村」匿名表示，筆者由該村庄廟主祀神推論，該村為下林里，庄廟為保生宮。
4 周宗楊整理，〈尹博連訪問記錄〉，2018 年 6 月 10 日。尹博連，觀音寺主委。

崇的孤魂野鬼，由法師或乩童進行「請土」儀式，在招軍旗下方抓取少量泥土放入淨爐帶回宮中，象徵將作崇的孤魂野鬼納入主神的麾下。如官田二鎮往角秀的南114鄉道經常發生事故，原來是有孤魂野鬼在作崇，此地剛好是三不管地帶，經由二鎮聖安宮天上聖母及角秀北極殿玄天上帝授權給當地的家庭式神壇天音堂天上聖母，由天上聖母負責招降作崇的孤魂野鬼，於是天音堂委託二鎮尹鴻林法師在此處豎立招軍旗，並透過法派的「請土」儀式招降，此後鮮少再有車禍事故發生。[5]

（三）請水、刈水火、請水香

前往溪、河、湖、海等水域豎立招軍旗、水牌，藉此招募在水域附近修行的列位高真、好漢英靈，透過「請水」、「刈水火」、「請水香」等儀式，藉此把水兵水將帶回宮去。

▌ 第二節 謁水請將的原理與時機

請水儀式即是透過瓷甕、陶盆、缽、壺、水桶等各種容器（稱為「水爐」）汲取溪、河、埤、湖、海、井及魚塭等水域的水，象徵把水兵水將帶回宮去。至於為何需要透過請水的方式，才能將水兵水將請回宮呢？就筆者所在的鹽分地帶佳里、學甲、七股、將軍、西港、北門等區，水兵水將只是一個空泛的集合

5　周宗楊整理，〈尹鴻林訪問記錄〉，2017年8月5日。尹鴻林，官田二鎮人，專職紅頭法師。

名詞，看不清也摸不著，但需透過請水的儀式，才能將祂們請回。筆者曾訪問官田二鎮的尹鴻林法師，他很明確的表示：

好漢是以靈炁的形式存在於這個空間，請水的時候，好漢的靈炁聚集在招軍旗底下的水面，只有乩童才看得到，才能指示爐主在指定的地方舀水。請水的時辰也很重要，若是提早還是較晚，有可能就請到其他無形的東西，或是請無東西回去。當水面開始起漩渦時，大約就是請水的時辰到了。曾經官田有一間廟提早幾分鐘去請，結果請到白蛇娘娘回去，後來廟方講很多金紙給祂，才請祂離開；也有請水但將軍沒跟著回去，隔幾天被另一間宮廟請回去的例子發生。[6]

■ 尹鴻林法師在烏山頭水庫主持請水儀式。

■ 邱愈峰法師請出山上天后宮水爐，準備放兵。

故以尹鴻林法師的見解，水兵水將（好漢）會以靈炁的形式附著在水面上，若是無照正確時辰請水，就有可能請到其他無形的靈體。關於水兵水將化成靈氣附著在水中的說法，有類

6　周宗楊整理，〈尹鴻林訪問記錄〉，2017年8月5日。

似見解的還有臺南南廠保安宮玄一守真壇的邱愈峰法師。邱愈峰法師曾負責2017年農曆3月山上天后宮的請水儀式，筆者曾在當時訪問他請水招兵的原理為何？邱法師回答筆者：

神明領旨來請水兵水將，水兵水將會降一點炁在水中，透過請水的方式將伊請回宮中。[7]

永康大灣武龍宮2012年前往鹿耳門溪出海口插旗招軍，當時所豎立的招軍告示即有「取真炁於精兵，招軍集壯士氣」[8]的記載，與二鎮尹鴻林法師、玄一守真壇的邱愈峰法師見解相同。玄一守真壇的邱愈峰法師執業範圍以臺南市區為主，2017年農曆3月因緣際會被山上天后宮的天三聖母跋桮遴選為請水

■ 於水域邊設置紙糊五營旗，藉此收編水兵水將，並於犒軍時火化。（山上天后宮）

7　周宗楊整理，〈邱愈峰訪問記錄〉，2017年4月18日。邱愈峰，臺南市人，專職紅頭法師。
8　未署名，〈大灣武龍宮招軍告示〉（招軍告示，2012）。

招軍的法師，初到山上天后宮，便在天三聖母降駕時，詢問幾個重要的問題，筆者摘錄如下：

一、是要以「請火」或是「請水」的方式招兵買馬？
二、是否要安置五營旗（紙糊或布質）在現場？
三、請回聖水之後，是否要「結馬草水[9]」，安五營？

其實邱法師詢問山上天后宮天三聖母的問題，對於我們了解整個請水儀式的過程相當有助益，筆者因此歸納出3個結論：

一、神明可以透過「請水」、「請火」的方式來收編水兵水將。
二、請水現場安置五營旗，除了可以結界維持現場秩序，也可以讓水兵水將報到後進行收編，並透過請水儀式請回宮。
三、「結馬草水」如同「合爐」一樣，象徵將水兵水將帶回宮中，但大多數的宮廟均直接將水爐請至廟內神龕安置；善化什乃陳必芳法師此派，即有將水爐的水舀一匙倒在香爐中「合爐」的做法。

一般宮廟除了每年歲時例祭，或是每隔幾年固定科期辦理請水招軍外，若遇有重大慶典或特殊儀式進行時，也會另外舉行請水儀式來添兵補將，以應付慶典或儀式之需要，筆者分析

---

9 「結馬草水」即是將水爐的水倒入廟前的馬草水內，與「合爐」的儀式意義相同。

臺南地區宮廟不定期請水的時機歸納如下：

一、神像開光

　　一般宮廟雕刻新的神像，代表將有新的神明進駐，神像在開光之後，新上任的神尊為了要濟世渡人，就必須擁有自己的兵馬協助，除了前往祖廟或更高階的大廟請火領兵，還要透過請水招軍的方式，來補充自己的兵馬。人類學者林瑋嬪在其研究〈臺灣漢人的神像：談神如何具象〉一文，提及臺南鹽水下林保生宮的庄民去鄰近的菁埔庄鋸了一棵榕樹來雕刻境主公，按照鹽水下林的習俗，神像在開光之後，為新神像進行刈火、請水、關乩及過火等儀式，[10]她探究其原因在於：

> 　　由入神的物品，也可得知神力具有統御五營兵馬，保衛聚落的能力。等到神像雕造完成，該神像另須向更具有靈力的神明進香刈火，或是到水邊舀水請兵以募得兵源。這些募來的兵馬鎮守於聚落的五方，象徵著神力的地域化在聚落中定著。[11]

　　類似鹽水下林保生宮因為神明開光必須請水的案例，在臺南地區可謂相當的多，新市地區多將「請水」以「食水」稱呼，例如新市福壽巷北極殿曾於1974年前往大內二溪兄弟潭請水，當時請到都天元帥、二路元帥2位將軍。廟方先替都天元帥雕

10　林瑋嬪，〈臺灣漢人的神像：談神如何具象〉，頁132。
11　林瑋嬪，〈臺灣漢人的神像：談神如何具象〉，頁142。

刻金身，2018年初廟方又為二路元帥及3尊玄天上帝副駕雕刻
金身，由於新開光的神尊必須要擁有自己的兵馬，故廟方於
2018年農曆2月22日組團前往大內二溪兄弟潭現場開光金身，
並於凌晨卯時5點請水。

■ 新市經常有宮廟前往水場開光神尊並　　　■ 山上大庄福緣宮福德正神重新粉面安
　請水，以符合「神明開光愛食水」的　　　　金，並於四草橋下請水現場進行開光。
　傳統。（新市福壽巷北極殿）

　　　新市南港墘北極殿於2010年新雕塑2尺9吋的玄天上帝、2
尺2吋的金面太子各1尊，後於該年舉辦庚寅年開光謁水大典，
擇農曆2月26日凌晨1點前往大內二溪兄弟潭請水，[12]以符合新
市當地「神明開光愛食水」的傳統。山上大庄福緣宮2013年新
雕塑康府元帥金身，後於農曆5月15日前往四草大橋橋下進行
癸巳年康府元帥開光暨謁水大典，當天即於請水現場開光康府
元帥金身，並於清晨6點請水。
　　　此外，亦有神像在整修重新開光，也要進行請水招軍的儀
式，如佳里興震興宮2009年1月6日舉行戊子年鎮殿神尊重光

12　周宗楊整理，〈楊江泉訪談記錄〉，2018年5月26日，楊江泉1960年生，為北極殿
　　委員兼廟公。

臺南請水儀式

陞座暨護國祐民賜福遶境活動，該廟即於神像開光後擇2009年1月9日前往蘆竹溝請水招軍。山上大庄福緣宮2018年鎮殿土地公重新粉面安金，該廟擇2018年農曆8月13日凌晨3點前往四草橋下開光鎮殿土地公，並於清晨破曉時分請水。

二、取新乩

神明取新乩代表將可以降在乩子身上為信眾辦事，也因此需要增加自己的兵馬，相關案例如下：

（一）西港雙張廍保天宮在1991年左右因為神明採新乩，故於當時前往曾文溪蘇厝潭請水。

（二）下營茅港尾天后宮於1974年3月8日「關青龍」取新乩後，即於該年3月22日清晨前往大內二溪兄弟潭請水。[13]

（三）新市南港墘北極殿2002年中壇元帥觀四轎來採新乩，即指示當年前往大內二溪兄弟潭請水招軍。

（四）新市三舍照明宮天上聖母二媽於2012年取新乩之後，即於當年農曆11月18日前往大內二溪兄弟潭請水。

（五）山上天后宮天三聖母於2017年採新乩，即於該年農曆3月6日前往大內橋下插水牌，並於農曆3月20日舉行請水儀式。

13　未署名，〈茅港尾堡聖蹟與傳說〉（廟內看版文宣）。

■ 山上天后宮天三聖母取新乩，新乩準備請水領水兵水將回宮。

三、入火安座、謝土、建醮

　　一般宮廟如遇入火安座、慶成謝土或祈安建醮等重大慶典，往往急需擴充兵馬來協助科儀的進行，俗謂「人多好辦事」，故會舉行請水招軍儀式，期使慶典能圓滿完成，相關案例如下：

（一）入火安座

1. 佳里興玉池宮於2010年農曆11月6日舉行新廟入火安座大典，當天上午午時即組團前往蘆竹溝海域請水招軍。

2. 仁德中洲北極殿於2015年農曆10月4日舉行新廟入火安座大典，該廟即於農曆9月26日前往高雄白砂崙海域請水招軍。

3. 安南新宅濟福寺景德祠於2013年農曆10月30日子時舉

行新廟入火安座大典,該廟即於農曆10月29日當天下午前往鹿耳門溪出海口舉行遙祭祖廟儀式,並於會後請水招軍。

4. 七股大潭寮龍安宮於2012年農曆10月4日晚上舉行新廟入火安座,該廟分別於10月初3前往國姓橋下請水招軍,10月初4前往將軍溪白礁亭請水招軍。

5. 仁德六甲仔清水宮於2018年農曆6月13日下午舉行新廟入火安座,該廟即於農曆6月3日前往四鯤鯓海域請水、火。

6. 永康大灣武龍宮2012年農曆11月19日舉行新廟入火安座,該廟即於農曆11月18日前往鹿耳門溪出海口招軍。

(二)慶成謝土

1. 安定大同里鎮安宮於2007年農曆10月15日舉辦慶成謝土大典,該廟即於農曆10月16日前往安平四草大橋橋下請水招軍。

2. 麻豆口番仔寮廍地朝天宮於2017年農曆10月8日進行慶成謝土儀式,奉天上聖母指示於農曆9月21日前往北門蘆竹溝請水招軍。

3. 新市社內清水宮於2016年丙申年農曆正月6日舉行重建落成慶成謝土大典,廟方於農曆正月6日凌晨組團前往麻善大橋曾文溪畔請水,並於中午12點由天師鍾馗開啟廟門。

■ 仁德牛稠後保華宮2012年舉行五朝清醮，該廟即於當年前往四鯤鯓海域請水。

（三）祈安建醮

1. 佳里興震興宮於2003年農曆11月3日至11月8日舉行癸未科護國祈安五朝清醮祭典，該廟即於2003年農曆10月30日前往北門蘆竹溝請水招軍。

2. 善化牛庄元興堂於2010年12月24日（農曆11月19日）舉辦三朝祈安清醮大典，該廟即2010年10月10日（農曆9月3日）前往曾文溪安定段請水。

3. 仁德牛稠後保華宮於2012年農曆10月28日舉行五朝謝恩清醮大典，該廟即於當年農曆10月18日前往臺南四鯤鯓海域請水招軍。

4. 仁德中洲玄天宮於2012年農曆11月9日啟建五朝祈安清醮，該廟即於2012年農曆11月4日前往高雄永安新港海邊請火、請水。

5. 關廟布袋三官府每年固定於農曆2月19日「佛祖生」前，前往海邊「請水香」，2012年農曆10月14日啟建三朝祈安清醮，該廟即於該年10月12日前往鹿耳門鎮門宮附近海邊「請水香」。

6. 營頂佳福寺於2013年農曆10月適逢該寺舉行五朝祈安清醮，該廟即於農曆10月14日前往北門蘆竹溝請水招軍。

7. 麻豆良皇宮於2016年農曆11月5日啟建金籙謝恩祈安五朝保禳大醮，該廟即於當年農曆10月12日前往北門蘆竹溝請水招軍。

8. 永康開天宮2016年農曆12月10日啟建五朝祈安禮斗清醮，該廟即於當年農曆12月1日前往許縣溪仙姑廟前請水招軍。

第三節　水將身分的轉換與具象

臺南地區的宮廟多會前往地勢險峻，或經常發生事故的水域請水招軍，也因此大多數的人會聯想到水中有無數溺死的水鬼，這些水鬼由於無法得到超渡，俗信必須等到「掠交替（liah-kau-thè）」的機會，才可以脫離苦海，獲得投胎的機會。透過一些法師所寫的請水疏文或招軍榜文得知，神明豎旗招募的對象有：

溪、河、潭、洞、水府的一切晶仙，山林高嶺修持的列位

仙真，四方五路的好漢英靈、猛勇賢士。[14]

故在法師所寫的疏文中，將水陸修行的孤魂野鬼以「晶仙」、「仙真」、「好漢」、「賢士」敬稱，藉此招募有能力且有意投軍食（tsiah）糧的好漢英靈，能夠效力於主神麾下，如同學者林美容在〈鬼的民俗學〉中所云：

> 即是山海之處、水流之際，皆是眾鬼匯集所在。…原來孤魂野鬼並非完全是人畏懼、必須想法驅逐的討厭鬼，似乎經由神明的收伏，他們也能成為有用之兵馬。[15]

也因此透過宮廟舉辦的請水儀式，讓這些孤魂野鬼得以有個機會，可以由凡入聖，成為神明麾下的營兵營將。

一般宮廟在請水結束後，會將瓷甕、陶缽請入神房內安置，象徵將水兵水將帶回宮中，亦有部分倒入馬草水內「結馬草水」，或是少量滴入宮內各香爐內「合爐」；若有安外營竹符的儀式，也象徵將水兵水將派駐在外五營中。至於一跤（kha）水爐所盛裝的聖水，到底請回多少的水兵水將呢？這些水兵水將後來有沒有因為戰功卓越而升格成神，進一步授予神格、封號或雕成金身呢？鮮少有人實際去探討過這個問題，據官田二鎮尹鴻林法師的認知：

14　筆者節錄自佳里子龍廟永昌宮及新化清水寺的請水榜文。
15　林美容，〈鬼的民俗學〉，《臺灣文藝新生版》3（臺北：臺灣文藝雜誌社，1994/6），頁62。

■ 二鎮天音堂往玉井曾文溪畔請水，以3跤水爐請回3位牛將軍。
（曾福樹提供）

　　1跤水爐代表1位將軍，這位將軍就是這群「無形的」老大，請這位將軍起來，其他好漢也會跟著請起來。通常一段時間之後，廟內的執事就會請祂報銜頭，請祂表明自己的身分，若是以後祂修成正果，得到主神同意便可以雕金身，享受香煙。官田二鎮天音堂在今年閏6月前往玉井橋下曾文溪請水，欲請3位牛將軍回來，所以當時就準備3跤水爐去請水。[16]

　　另筆者亦發現，同樣位於官田二鎮下厝尾角的觀音寺曾於1991年前後組團前往烏山頭水庫請水招軍，當時即準備4跤陶鉢請水，並於現場請示此次所請神尊名號為「藥劑師羅千歲」、

16　周宗楊整理，〈尹鴻林訪問記錄〉，2017年8月5日。

「李元帥」、「善才」、「良女」等4位神明。[17] 西港雙張廍王文龍法師認為：

> 請水是以請「將」為主，因為請「將」起來，其他的部下也會跟著起來，1 跤水爐不只請 1 位將軍，像雙張廍保天宮在民國 40 幾年前往曾文溪蘇厝潭（段）請水，請起何府三爺、何府三娘，彼當時只請 1 跤甕仔而已。何府三爺、何府三娘是後來有報銜頭的，若是沒有報銜頭的，也有可能未來坐主神副駕的神尊，像西港鎮安宮丁府元帥不定期請水，一段時間之後就會雕副駕，有可能就是請水請回來的將軍去坐的。[18]

由尹鴻林及王文龍2位法師的親身經歷，請水是以「請將」為主，故請水疏文多以「謁水請將」來彰顯請水的目的；然而，可能因所處地方差異，或法派見解不同，而得到不同的結果，故有 1 跤水爐代表 1 位將軍，或 1 跤水爐同時請起 2 位將軍以上的案例存在。

有些廟方的執事在請水現場，或在回宮後主動詢問所請水將的頭銜為何，或請水將表明自己的身分、姓氏，如西港檨仔林鳳宮 3 年 1 科請水迎宋江師傅，回宮後必透過「抓手轎」詢問其姓氏，再將其名諱書寫於紅紙上。也有是後來回宮之後，歷經好幾年修行，透過主神向上天舉薦，獲頒封號，修得金身，

---

17 周宗楊整理，〈尹博連訪問記錄〉，2018 年 6 月 10 日。
18 周宗楊整理，〈王文龍訪問記錄〉，2017 年 11 月 25 日，西港雙張廍龍一道法館紅頭法師。

臺南請水儀式

第三章　謁水請將的意涵與具象

等待時機成熟時，透過降駕來告知爐下弟子，如山上大庄福緣宮康府元帥本於1981年左右透過請水而來，2013年修得金身後，一直到2018年農曆5月14日余府千歲聖誕犒軍時，筆者前去採訪時，康府元帥正好降駕表明自己的來歷。筆者在臺南地區田調時，發現不少透過請水迎請上來的神明，有雕成金身或王令供奉者，也有僅僅書寫頭銜、名諱，並設有香爐奉祀者，筆者列舉如下：

■ 西港檨仔林鳳安宮請回宋江師傅後，透過抓手轎請祂降駕說明姓氏。

■ 宋江師傅說出姓氏後，廟方隨即將其名諱書寫於紅紙上。

一、西港雙張廓保天宮：何府三爺、何府三娘

據西港雙張廓保天宮沿革石碑記載：

朱府千歲本是大戶曾天宗祖先朝拜，相繼入宮，歸在本宮。後來在『謁水請將科儀』又請回何府三爺、三娘同袍一齊回宮。

何府三爺、何府三娘係於1950年間，由西港雙張廓王文龍法師祖父王天送法師，帶領雙張廓保天宮前往曾文溪蘇厝潭（段）請水請回的將軍，目前均雕有金身奉祀於廟中。

二、北門西埔內南天宮：齊天大聖

據北門西埔內南天宮沿革石碑記載：

> 緣於四十餘年前，屏東五福大帝聖誕大典於高屏大橋下淡水溪請水儀式中，大聖初次顯靈，選擇生乩林新意，指示安奉令旗於勝豐里華勝巷二弄，而後開始行醫濟世。[19]

西埔內南天宮所祀大聖爺係1940年代，於高屏大橋的下淡水溪（高屏溪）透過請水儀式迎請上來的神明，廟方雕有金身供奉。

三、官田南廍福安宮：楊廣達名醫、李得學進士

官田南廍福安宮的楊廣達名醫與李得學進士2位神祇，係由南廍福安宮王爺指示，前往烏山頭水庫插旗招軍請水，所招募到的名醫賢士，廟內壁上題詩云：

> 王爺指示要請水，東邊烏山插軍令；
> 招軍買馬得神靈，請回廟內好修行。
> 楊名醫名叫廣達，醫術厲害傳遍天；
> 李進士名為得學，智慧靈通得功名。[20]

19　未署名，〈南天宮史略〉（廟內沿革碑，1986）。
20　未署名，〈福延草廍安寧民心宮火傳靈〉（廟內壁掛詩句）。

目前廟方有幫楊名醫雕刻金身，李進士僅設一個玻璃框及香爐，框內壁書寫「李進士得學」神位供人祭拜。

■ 官田南廍福安宮楊廣達名醫。　　■ 官田南廍福安宮李得學進士。

四、官田三結義三千宮：鄭中醫、史將軍

官田南廍三結義三千宮約於1991年左右前往六甲赤山巖進香，並於巖碑透過請水儀式請得鄭中醫、史將軍2位神祇，由於鄭中醫神靈赫濯、救人無數，金身係由信徒發心雕塑，史將軍擔任總兵馬副元帥主要負責帶兵的任務，目前尚未有金身。[21]

五、二鎮觀音寺：李元帥、藥劑師羅千歲、善才、良女、大太子、二太子、三太子

官田二鎮觀音寺為下厝角角頭廟，曾於1991年前後組團前往烏山頭水庫請水，請回藥劑師羅千歲、李元帥、善才、良女；2011年又前往曾文水庫東口請水，請回3位太子，現今寺內藥

---

21 周宗楊整理，〈蔡曜駿訪談記錄〉，2018年3月17日，官田三結義三千宮文宣組長。

■ 官田二鎮觀音寺前排3位太子及次排羅千歲、
李元帥。

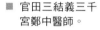

■ 官田三結義三千
宮鄭中醫師。

劑師羅千歲、李元帥、大太子、二太子、三太子均雕有金身供
奉,他們的生平事跡抄錄如下:

> 李元帥:生前名叫李世竹,高雄人,工人,因救人落水。
> 藥劑師羅千歲:生前姓名羅明玉,高雄人,醫生。
> 大太子:生前姓名高泰勇,嘉義阿里山人,因救人落崖。
> 二太子:生前姓名查明芳,高雄甲仙人,因採草藥落崖。
> 三太子:生前姓名曹明化,臺南南化人,抗日遇害。[22]

六、中營慶福宮:近代醫生、軍醫、將軍

下營中營慶福宮廟內有13尊神尊,係民國53年(1964)
及62年(1973)透過兩次請水儀式,前往渡仔頭雙溪口請回來

---

22 周宗楊整理,〈尹博連訪問記錄〉,2018年6月10日。

的英靈好漢，最後修成正果，得主神中壇元帥准許雕造金身供
人膜拜，其名諱及相關職稱如下：

　　醫生：吳院長、郭國川、郭阿娥
　　軍醫：蘇真醫、周真醫、周二醫將、周三醫將、周四醫將。
　　將軍：趙將軍、林軍師、林將軍、雷公將、宋江爺

七、下營茅港尾天后宮：李文成將軍、吳三娘將軍 及周虎將軍。

　　茅港尾天后宮於1974年3月22日前往大內二溪兄弟潭請
水，共招募到3位軍師，後經天后宮媽祖指示雕刻金身，封為
「李文成將軍」、「吳三娘將軍」及「周虎將軍」。[23]

■ 中營慶福宮郭阿娥、郭國川、吳院長醫生。

■ 茅港尾天后宮李文成、吳三娘、周虎將軍。

八、新市南三舍照明宮：天上聖母二媽

　　南三舍照明宮的天上聖母二媽係1976年建廟前，前往新市

23　未署名，〈茅港尾天后宮沿革簡介〉（簡介摺頁）。

潭頂淨水場附近的潭頂溪請水上來的神明，後來受封為「天上二聖母」。[24]

九、新市福壽巷北極殿：都天元帥、二路元帥

　　新市福壽巷北極殿曾於 1974 年前往大內二溪兄弟潭請水，當時請到都天元帥、二路元帥 2 位將軍，後來都天元帥先修得金身，二元帥則於 2018 年 4 月 8 日前往大內二溪兄弟潭進行第二次請水時，於現場開光金身回宮安座。

十、新市頂港墘北極殿：方將軍、閻將軍

　　頂港墘北極殿約於 1975 年前往大內二溪兄弟潭請水，迎請上來的 2 位將軍，初期以 2 支令旗代表，後來才雕刻王令奉祀。[25]

十一、東區虎尾寮太子普安宮：二路元帥、石元帥

　　太子普安宮曾於 1974 年往龍崎請水，請回二路元帥，後又於 1986 年前往六龜荖濃溪請水，請回石元帥，今廟內均雕有金身奉祀。[26]

十二、後甲真武殿：五維先鋒元帥

　　後甲真武殿係家庭式神壇，主祀玄天上帝，該神壇曾於

24　周宗楊整理，〈陳聰吉訪談記錄〉，2018 年 5 月 26 日，照明宮天上聖母二媽乩童。

25　周宗楊整理，〈黃金聰訪談記錄〉，2018 年 5 月 26 日。黃金聰，1957 年生，頂港墘北極殿玄天上帝乩童兼名譽主委。

26　未署名，〈太子普安宮沿革史〉（廟內沿革碑，1997）。

■ 東區太子普安宮石元帥。

■ 後甲真武殿五維
　先鋒元帥。

2000年前往屏東隘寮溪三地門橋下請水，回宮之後玄天上帝
透過點兵得知，此次水兵水將中有一位因救人不幸滅頂的陳巨
峰[27]（1974-1990），玄天上帝為嘉其義行，親率此名水將奏稟上
天，受玉旨敕封為「五維先鋒元帥」，跟隨真武殿玄天上帝濟
世，2001年由耆老陳福枝出資為其恭塑金身奉祀於殿內。[28]

十三、山上天后宮玉二聖母之中壇元帥

　　大內三崁溪埔附近原本有一位三太子神靈修行，玉二聖母
為招其擔任中壇元帥，於是指示廟方雕刻中壇元帥金身，並迎
請金身至大內三崁溪埔請水開光，此刻三太子神靈也被吸引前

27　陳巨峰為高雄市人，1990年和同學前往三地門隘寮溪玩水，為了搶救溺水的同學
　　不幸滅頂，後來高雄立和平國中亦在此地崖壁立有〈拯危救溺奮不顧身〉的石碑
　　紀念，陳巨峰後來於2002年入祀高雄忠烈祠。
28　未署名，〈後甲開基真武殿官方臉書〉，2018年5月5日文章。

來溪埔看熱鬧，二媽用話激三太子神靈進入金身內，隨即封住金身返廟，後來二媽將三太子收服，使其永駐天后宮擔任中壇元帥一職。[29]

十四、山上大庄福緣宮康府元帥

大庄福緣宮曾於2013年農曆5月15日前往四草大橋橋下請水，當時即於水場開光康府元帥金身。康府元帥原先是在山上附近烏松修行的好漢，後來福緣宮於1981年間前往四草水域請水招軍，康府元帥藉此機會投入余府千歲麾下，獲得余府千歲的提拔擔任西營的營頭。康府元帥經常協助余府千歲處理庄內大小事務，歷經40餘年的修行，庄民懇求東嶽大帝、南

■ 大庄福緣宮康府元帥降駕，講述自己是山上附近烏松修行的好漢。

29 陳丁林，《玉二媽傳奇－山上天后宮誌暨庚辰科祈安清醮》（臺南，山上天后宮，2001），頁50。

北斗星君賜其可以雕刻金身，故於2013年農曆5月15日恭請康府元帥神像前往四草大橋橋下北岸開光，同時請水，歲時以農曆5月15日為聖誕千秋日。[30]

上述案例均是以招募好漢英靈、猛勇賢士為主，也有透過請水來招募動物靈獸，仍以「將軍」敬稱之，筆者整理如下：

一、官田二鎮天音堂：牛將軍

官田二鎮天音堂為家庭式神壇，主祀天上聖母、配祀悟空禪師、悟友禪師、吳府千歲、觀音佛祖及媽祖的水闕仙班等神祇。悟空及悟友禪師的金身造形均為一位身穿袈裟的孩童坐在牛背上，雖然廟內的2尊禪師金身早就開光，但2位禪師一直苦尋不到牛將軍靈駕來進駐金身的座騎，加上大門口也有一尊牛將軍雕像需要指派牛將軍駐守，於是該堂於2017年農曆閏

■ 二鎮天音堂悟空禪師的座騎牛將軍，係前往曾文溪畔請水迎請上來的靈獸。

■ 茅港尾天后宮四點金內的金獅將軍。

---

30 周宗楊整理，〈黃羿穎訪談記錄〉，2018年6月27日。黃羿穎里長，1967年生，山上區新莊里里長。

6月14日前往玉井橋下曾文溪畔豎旗招軍，最後請到3位牛將軍，並遵照神明指示前往曾文溪畔請回3爐水，回去再進行「結馬草水」的儀式，將牛將軍派駐在悟空、悟友禪師的座騎與門口的牛雕像內。

二、下營茅港尾天后宮：金獅將軍

下營茅港尾天后宮廟內有一對銅雕的金獅將軍，原係國姓橋下修行的靈獸，眾多神明均無法馴服。1966年3月時，「茅港媽」指示要前往國姓橋下收服2隻金獅靈獸，當時發動500餘人，大小卡車20餘部前往國姓橋下請水，最後「茅港媽」順利收服2隻金獅靈獸，並封為「金獅將軍」，於宮內恭塑銅雕金獅一對永鎮茅港尾天后宮。[31]

綜上例子所述，水兵水將不只是以「人」的形象存在的好漢英靈、猛勇賢士，也有可能生前是獸類，死後經過修行成為靈獸，透過神明的收服成為座騎，或是駐守廟中的銅雕獅子。

---

31 未署名，〈茅港尾天后宮沿革簡介〉（簡介摺頁）。

第 四 章

請水的地點與儀式

▌第一節　臺南地區的請水地點

　　「請水」，顧名思義，一定要去有水的地方才
能進行請水儀式，所以請水地點的選擇也十分
重要。一般請水地點大多選擇廣濶無垠的近海海
邊，或是溪流交匯之處，也有選擇在山區裡的
湖、潭、水庫等處，人們相信這些地方屬於「活
水」，會有較多的好漢英靈群聚，可以招募到一
些道行較高的好漢英靈。不過，筆者也曾見過在
較少流動的水域如古井、魚塭、排水溝等處請
水，甚至僅是取廟中自來水淨化、化符入水，然
後由乩童來完成請水儀式。[1]如果請水只是藉著水
的介質將水兵水將請回宮去，那請水水域是不是

1　七股頂潭永安宮每年農曆3月26境主公聖誕前，必前往庄頭入
　　口處排水溝請水，由於排水溝地勢較高，加上乩童年邁，廟方
　　便取自來水化符淨化，然後置於大水溝旁，再讓乩童請水。

■ 在山裡的湖、潭請水，人們相信會有較多好漢英靈在此修行。（旭山玄武宮往六甲大丘園南勢坑請水）

流動的「活水」，也就不是那麼重要了。因為好漢英靈是會移動的靈體，在接受神明的招募之後，會自行前往神明指定的水域，等待請水日期與時辰的到來；然而有些請水的地點往往與神明息息相關，可能是神明金身的撿拾地、昔日先祖迎請神明上岸的登陸地等。

綜觀臺南地區宮廟的請水地點，大致可以分成以下幾處水域：

一、近海處

臺南地區宮廟前往近海處請水的地點，大抵由北而南為雙春仔濱海遊憩區、蘆竹溝漁港、馬沙溝、鹿耳門溪出海口、四草大橋底下、安平海灘、三鯤鯓秋茂園、黃金海岸等。由於臺南西部海岸多為沙岸地形，擁有廣濶的沙灘，方便請水儀式

■ 雙春海水域場北側沙灘因無人管理，不少臺南、高雄宮廟前來招軍
　請水、火。（旭山五王宮）

的進行，加上海洋資源豐富，附近可能藏有較多的好漢英靈修
行，也因此有較多的宮廟前往插旗招軍請水。雙春仔海水域場
及北門蘆竹溝漁港兩地為臺南地區宮廟的請水聖地。雙春仔海
水域場腹地廣闊，經常有北高雄地區的宮廟前來招軍請火，但
因為入園需購買門票，不少宮廟改前往北側無人管理的沙灘請
水、請火。

　　在北門蘆竹溝漁港請水的宮廟以將軍溪流域的宮廟居多，
有時候一個月內就有好幾場請水。蘆竹溝的庄廟西天宮主祀飛
天大將，據聞此神掌管著蘆竹溝水域的水門，[2]因此只要是前往
蘆竹溝漁港請水的宮廟，基於禮貌均會先前往西天宮參拜。蘆
竹溝漁港建有娘媽廟小祠，奉祀「賢府元帥娘媽福德正神」之

2　參見〈大灣清濟宮壬辰年出巡大典資料冊〉（遶境手冊），頁37。

神位，塑有娘媽、賢府元帥的金身供奉，娘媽係有應公信仰，賢府元帥則是從庄廟西天宮迎請過來坐鎮港口的神明，[3] 由於多數宮廟請水的地點就在賢府元帥西北方位數公尺處，故神轎、陣頭一定會先參拜娘媽廟。

二、溪

　　臺南地區有多條溪流貫穿，由北而南依序為八掌溪、急水溪、將軍溪、曾文溪、鹽水溪及二仁溪等，這些溪流往往也是臺南地區宮廟請水招軍的地點。八掌溪源於嘉義竹崎鄉奮起湖，為臺南市與嘉義縣的界溪，八掌溪在流經白河北埔附近有支流頭前溪匯流，當地人稱「雙溪口」，此地建有「萬善公廟」奉祀黑白將軍，由於當地盛傳此地孤魂野鬼較多，因此白河鄰近的宮廟多來此地「刈水火」招軍買馬。此外，東山往白河的青葉橋底下「撫頭將軍廟」附近有六重溪與白水溪匯流成急水溪，此雙溪匯流之處亦稱「雙合水口」，為後壁區宮廟「刈水火」的聖地，而急水溪下游的鄰近北門五王大橋橋下，也是一處請水招軍的地點。

　　將軍溪舊名「漚汪溪」、「灣裡溪」，為古曾文溪的主河道，係源於六甲山區向西流經六甲、官田、下營、麻豆、學甲、佳里、將軍、北門等區，於馬沙溝北側的潟湖出海。由於溪北地區有較多的先民自將軍溪上岸，故將軍溪也衍生出許多「遙祭

3　許献平，《臺南市北門區有應公廟採訪錄》（臺南：鹽鄉文史工作室，2013），頁198-202。

■ 五王大橋橋下的急水溪也是臺南一處請水的地點。（官田南廍保安堂）

型」的請水文化，如學甲慈濟宮、學甲中洲慈福宮、將軍金興宮、將軍巷口李聖宮等宮廟。蘇厝寮溪為將軍溪的支流，早期佳里興蘇厝寮的先民自蘇厝寮溪上岸拓墾，因此蘇厝寮寶興宮也在附近的蘇厝寮溪遙祭請水。除了「遙祭型」的請水，七股後港西唐安宮每年農曆 6 月 18 日「池王生」前，前往將軍溪金興宮白礁亭前請水，則屬較單純的「過路請水」。

曾文溪為孕育大臺南地區生命的母河，其上游源於嘉義縣阿里山鄉的東水山，主流經楠西、玉井向西橫貫大臺南地區，經安南區、七股區注入臺灣海峽。臺南地區的請水文化大致可以曾文溪為分野，也因此造就了溪北、溪南兩種截然不同請水文化，比較熱門的請水河段有青草崙段、十份仔段、海寮段、管寮段、烏竹林段、下面厝段、檨仔林段、大內段、玉井段等。其中，曾文溪上游由楠西、玉井流入大內時，形成三、四個彎

■ 二溪兄弟潭又稱「鬼仔潭」，當地湖光山色，風景十分秀麗。（新市福壽巷北極殿）

曲的河道，而這些河道彎曲處，受到河流長期的侵蝕作用，反而形成深不可測的凹潭，這些地方往往是山精鬼魅、英靈好漢聚集的地方，也因此吸引溪南地區如安定、新市、善化、山上、大內等區宮廟經常前往該水域招軍請水，比較熱門的地點有山上水堀頭、大內橋下、二溪鬼仔潭、大匏崙等，其中尤以二溪鬼仔潭最富神秘傳說。

　　鬼仔潭位於大內頭社三崁庄南邊的曾文溪曲流的河灣處，潭底深不可測，相傳古時曾有戲班搭乘竹筏翻覆於潭中，戲班人員全部滅頂，因此當地傳出許多靈異事件，加上1970年代曾有軍機墜毀於此，「鬼仔潭」的惡名不逕而走，因此又名「兄弟潭」。

　　鹽水溪舊稱「新港溪」，流域全在臺南市境內，含支流潭頂溪、大目幹溪、許縣溪等。臺南地區前往鹽水溪主幹請水招

軍的宮廟主要以安定保安宮及其部分信仰圈的宮廟如港仔尾福安宮等。請水的地點以鄰近溪頂寮的鹽水溪洲仔尾段為主，又稱「洲仔尾溪」；下游的四草大橋橋下也經常有宮廟前往請水招軍。鹽水溪的支流潭頂溪全在新市區境內，亦有本地的宮廟如三舍照明宮曾前往請水。許縣溪流域經永康、歸仁、關廟等區，部分永康的宮廟亦曾前往許縣溪請水，而關廟山西宮、歸仁仁壽宮及大人廟等廟宇，在啟建王醮時，才有舉行取王船水（請聖水）的儀式。

■ 洲仔尾溪即鹽水溪洲仔尾段，來此地請水的宮廟以安定保安宮及轄下廟宇為主。（安定港仔尾福安宮）

■ 鹽水溪下游四草大橋橋下也是一處請水聖地。（山上大庄福緣宮）

三、湖、水庫

前往湖或水庫等封閉水域請水的地點有赤山龍湖巖、烏山頭水庫兩處勝地。赤山龍湖巖位於六甲區，主祀觀音佛祖，為臺南一處年代久遠的歷史古剎，據《諸羅縣志》記載：

龍湖巖（閩人謂寺院為巖）：在開化里赤山莊。偽官陳永華建。環巖皆山，幽邃自喜。前有潭，名龍湖。周環里許，遍植

■ 赤山龍湖巖不僅可供進香請火，四周的巖埤亦是請水招軍的聖地。
（新化清水寺）

荷花，左右列樹桃柳。青梅蒼檜，遠山浮空，遊者擬之輞川圖畫。[4]

　　故赤山龍湖巖建廟年代相當久遠，香火十分鼎盛，每逢觀音聖誕、得道及出家等三大節日，廟埕總是擠滿來自各地的進香團，人山人海，絡繹不絕，又因為前臨龍湖潭，碧蓮浮水，景色怡人，假日總吸引不少遊客前往禮佛、踏青。由於赤山龍湖巖係為觀音道場，自然也聚集不少在此修行的好漢英靈，終日晨鐘暮鼓，朝夕聞經聽法，也因此不少前往赤山龍湖巖進香的宮廟，也會在廟前的龍湖潭插旗招軍，來招募這些道行較高的好漢英靈。

　　烏山頭水庫又名「珊瑚潭」，係日昭和5年（1930）由日人

4　〔清〕周鍾瑄，《諸羅縣志》（南投：臺灣省文獻委員會，1983），頁285-286。

臺南清水義式

■ 到烏山頭水庫請水的宮廟，以官田、下營居多。（下營曾姓三省堂）

八田與一規劃興建，屬嘉南大圳水利工程之一，行政區隸屬於官田區，為臺南地區一處旅遊觀光兼具水力發電的風景區。烏山頭水庫雖然也是一處湖光山色的名山勝地，也相當符合招軍榜文中所說的「山林高嶺修持的仙真」，近幾年來陸續前往烏山頭水庫請水招軍的宮廟有官田南廍福安宮、官田二鎮觀音寺、下營曾姓三省堂等廟，廟方均事先發公文過去，只要跟著請水的香陣進去，就可不用花200元買門票。

四、魚塭、古井、排水溝

魚塭、古井係屬較少流動的水域，但仍有部分曾文溪以北的宮廟定期請井水或魚塭水，如將軍角帶圍興安宮每逢民國奇數年的農曆6月20日楊府元帥聖誕當天，必組團前往後港西唐安宮東側的一口古井請水；將軍漚汪檳榔林昌安宮每年農曆5

月 11 日城隍境主聖誕當天，也會抬著神轎前往將軍口寮的一處魚塭請水。七股頂潭永安宮每年農曆 3 月 26 日境主公聖誕前，必前往庄頭入口處頂寮中排水溝請水，由於排水溝地勢較高，加上乩童年邁，廟方便取自來水化符淨化，然後置於大水溝旁，再讓乩童請水。官田南廍三結義附近三結義橋下有條大溝，係源於烏山頭水庫的灌溉用水，官田二鎮附近的宮廟也經常前往請水。

▊ 第二節　招軍前置昭告作業

　　請水最主要的目的在於招軍買馬、添兵補將，因此舉凡臺南地區「招軍型」的「請水」、「請水香」、「刈水火」，均先事先前往請水地點（或稱「水場」）豎立招軍旗幟、告示；但也有不需立招軍旗幟、告示即可招募水兵水將的例子，如將軍溪流域的「遙祭型」請水及「過路請水」等，大抵臺南地區的招軍用的昭告旗幟，可分為招軍旗、水牌、告示榜文等類型。

一、招軍旗

　　招軍旗的使用主要分布在八掌溪、曾文溪以北、二仁溪中上游的關廟及下游的仁德、永康等地區，多綁在帶尾的青竹上，旗幟形狀有長方形、三角形或長條形三種，顏色多以黃色居多，亦有採用紅色或黑色的做法。[5]

5　黑色招軍旗主要以玄天上帝為主神所使用，亦有其他神明使用黑色的招軍旗，如七股水師寮天南宮李府千歲招軍請水。

■ 招軍旗多豎立於請水水域　　■ 豎於水中的招軍旗，僅以廣告宣傳旗幟取代。
　 岸邊。（新營竹安宮）　　　　（外渡頭厚德宮）

　　招軍旗多豎立於請水水域岸邊，也有插入水中的做法。大
部分的法師多會自己以朱砂筆書寫招軍旗，坊間也有現成的四
方形招軍旗可購買，旗面大多留有空白位置供法師書寫主神名
諱。招軍旗內容主要書寫請水符令，符頭底下書寫水府諸神或
宮廟主神名諱，符身書寫「領水兵水將押煞」、「招軍令旗」、「天
兵天將鎮守到此招軍大吉」、「水兵水將押邪煞」、「謁水請將安
鎮」等，也有僅書寫主神名諱、或「招軍旗」3字，或僅只是其
他不相關的旗幟，如佳里外渡頭厚德宮每逢「西港仔香」結束，
必於農曆5月4日謝府元帥聖誕前，組團前往曾文溪請水招軍。
該廟2015年所使用的招軍旗，即是用該年參加「西港仔香」的
三角形黃色轎號旗幟；2018年所使用的招軍旗，則是該廟用來
宣傳謝府元帥的長方形印刷旗幟。在請水前一週到請水水域岸
邊設壇祭拜，然後法師持咒同時以線香勒招軍旗，象徵開光招
軍旗，隨後再豎立招軍旗，用以昭告此水域附近的好漢英靈；

關廟布袋三官府每年「請水香」的招
軍旗，以黃色刺繡三角形旗為主。

關廟龜洞福安堂立於安平海邊的招軍
旗，採北高雄一帶的做法。

等到請水過後，招軍旗帶回宮中收藏，或是綁於龍柱，或在犒
賞時火化。

　　仁德、永康地區多採豎立招軍旗的做法，比較特別的是永
康楊平星法師對於請水有「請王」的說法，故其招軍旗多會書
寫「○○○挖水請王會靈招兵買馬回駕鎮守安座罡」，招軍旗
上所寫的「請王」乃是指水兵水將的首領，透過迎請帶頭首領，
自然也能同時獲得為數不少的手下。[6]關廟山區的龜洞、田中等
區域，因多聘請高雄阿蓮、永安、田寮地區的法師，故招軍旗
也採北高雄一帶的做法，旗面多為黑色，末端掛有一個斗笠及
四角形招軍燈，在豎好招軍旗後，招軍燈必須接上電源日夜點
亮；而同樣透過「請水香」招軍的關廟布袋三官府，則以黃色
三角形招軍旗為主。

6　周宗楊整理，〈楊平星訪問記錄〉，2012年12月1日。楊平星法師，永康大灣三壇
　　法師。

二、水牌

　　水牌即是立於水中的告示牌，盛行於曾文溪以南的安定、善化、山上、大內、新市等區，是溪南地區的紅頭法師用來招賢納士的一種昭告方式。常見的水牌多以筆直的竹管製成，並於竹管的上緣書寫招軍文字，其表皮有保留青皮或去皮兩種做法；也有水牌是將招軍文字書寫於方形的木板上，並於木板背後釘上木棍藉此插入水中的做法。就竹製的水牌而言，溪南地區的法師有保留整支竹子使用，也有「剖爿（pîng）」使用半爿的做法，不論何種造形，竹子底部均得削成斜尖形，使其可插入土中固定。

　　新市頂港垬北極殿玄天上帝每次請水招軍時，神明堅持使用「剖爿」的竹仔做水牌，因而該廟有「剖爿」才能稱為「水

■ 以剖爿的竹子當水牌，背面竹節清楚可見。（山上大庄福緣宮）

■ 一般水牌需視請水水域深度來增減其長度，並取文公尺吉數。（安定六塊寮金安宮）

牌」，沒「剖片」只能稱為「竹符」的說法。[7]綜觀曾文溪以南經常主持請水的法師，以整支竹管來當水牌的有善化陳必芳法師、胡秋東、安定王錦波法師、山上鄭茂榮法師，使用半月竹仔來當水牌的有新市吳丁財法師、山上大庄福緣宮黃羿穎法師；其使用地點以曾文溪流域的安定段、西港橋下南岸、山上水堀頭、大內橋下、二溪兄弟潭、鹿耳門溪出海口、鹽水溪流域四草大橋附近最常見。

　　一般水牌多插入水中較多，故長度至少5尺8以上，最長不超過1丈3尺6寸，[8]但須視請水水域深度來增減其長度，並取文公尺紅字吉數；在插入水中之後，務必使其告示文字全部露出水面。也有水牌立在岸邊的做法，如西港檨仔林鳳安宮2018年3月前往曾文溪請宋江師傅，即奉保生大帝指示將水牌豎立於岸邊。

■ 一般水牌多插入水中固定。（安定港仔尾福安宮）

■ 固定於岸邊的水牌。（西港檨仔林鳳安宮）

7　周宗楊整理，〈黃金聰訪談記錄〉，2018年5月26日。
8　筆者綜合善化什乃陳己仁法師、西港雙張廍王文龍法師的說法。

臺南請水儀式

水牌必須先刮除青竹上緣青色竹皮用以書寫謁水符令（招軍資訊），書寫的位置有貼齊上緣書寫，或是自上緣取文公尺紅字吉數，留空白處開始書寫；也有書寫在長條黃紙上，再黏貼到青竹上的做法。完整的謁水符令主要書寫地區、宮號、主神名諱、請水日期、請水地點及請水目的等。臺南地區水牌的寫法會因迎請對象的不同，而有不同的寫法，大致有以下幾種類型：

（一）以招賢納士為主：

　　以善化什乃代天宮於2016年往曾文溪西港橋下（海寮段）請水為例，其水牌書寫：

　　臺南市善化區什乃里代天宮金府千歲、張公法主、中壇元帥擇於國曆11月12日農曆10月13日往曾文溪海寮段水墘請水兵水將大典回宮全日回駕遶境合家平安罡。

■ 部分法師先將招軍主旨寫在黃紙上，再將其貼於竹子上。（安定下洲仔忠興宮）

　　至於請水的目的，也有「謁水請將」、「招賢納士」、「謁領水兵水將」或「請水兵水將」、「恭請水府水兵水將」等多種同義的寫法。

（二）請神開光暨招賢納士：

曾文溪以南的宮廟經常有在請水地點，先開光神尊後再請水的做法，法師行話稱「神明開光愛食水」，如新市福壽巷北極殿於2018年農曆2月23日前往大內二溪鬼仔潭開光請水，其水牌書寫如下：

　　新市區新和里福壽巷北極殿玄天上帝擇於國曆四月初八日農曆二月廿三日到此請神開光招賢納士恭請上下遠近水神即全隨駕合境平安

值年爐主鄭○○告白

（三）迎請神明上岸：

也有以插水牌來迎請神明上岸的做法，以鹽田永鎮宮2017年往鹿耳門溪出海口請水為例，請水是迎請詩山鳳山寺廣澤尊王、妙應仙妃、太皇、太后[9]上來參加醮典，其水牌書寫如下：

　　鹽田代天永鎮宮廣澤尊王擇於丁酉年十月初二日午時到此遙祭恭請詩山鳳山寺廣澤尊王、妙應仙妃、太皇、太后一全回駕

丁酉年九月廿五日立代天永鎮宮爐主李○○告白

　　另有迎請詩山鳳山寺廣澤尊王、妙應仙妃、太皇、太后與

9　此太皇、太后乃是指廣澤尊王郭忠福的雙親太王郭理柱、太妃林素娘，正確應寫成「太王、太妃」。

臺南請水儀式

招賢納士的複合式寫法，如鹽田永鎮宮2012年往鹿耳門溪出海口請水為例，其水牌書寫：

> 鹽田永鎮宮廣澤尊王擇於壬辰年八月廿日遙請泉州南安詩山鳳山寺廣澤尊王、妙應仙妃、太皇、太后暨招賢納士欲請上下遠近水神即全回駕
>
> 鹽田永鎮宮管理委員會啟立

西港檨仔林鳳安宮2018年至曾文溪請師傅及梁山人馬，其所立的水牌書寫：

> 西港檨仔林鳳安宮保生大帝天上聖母中壇元帥擇於農曆正月24日國曆3月11日往曾文溪畔請梁山人馬點壹百零捌好漢回宮鎮守行館合境平安風調雨順國泰民安

一般法師會先進行例行法事，然後再涉入水中插水牌；也有法師在插水牌前，會再進行「開點水牌」的儀式，象徵開光大吉，方可使用。因此，會事先以紅布包覆水牌上段文字，等到前往水場做完法事後，再揭開紅布進行儀式。以2018年3月24日新市福壽巷北極殿由吳丁財法師父子進行「開點水牌」儀式為例，法師依序拆除紅布後，由爐主持水牌讓法師以朱筆點開水牌，筆者節錄部分咒語如下：

伏以…

良時吉日，點牌萬事吉昌。指日高昇，硃筆騰騰，仰望聖明，逢硃點牌富貴分明。吾今把筆對天庭，啟奏水府上中下界列府尊神做證明，孔聖賜我文昌筆，點開水牌大吉昌。一點天清，二點地靈，三點神有應，四點人長生，五點奉請北極玄天上帝急調上下遠近水神一同隨駕速速進壇前。

　　法師開點水牌後，再以斧頭或鐵槌敲擊水牌使插入水中固定。由於水牌屬竹符的一種，故水牌露出水面的頂端還會綁上紅布，亦有綁上代表5個方位的五色布，依白、黑、黃、青、紅的順序由內往外套在水牌頂端，代表昭告五方的英雄好漢來

■1 水牌未開光前先以紅布包
　　覆，用以避穢。
■2 法師持咒並以朱筆開點水
　　牌，藉此進行開光。
■3 開點水牌之後，由廟方人員
　　躍入水中固定水牌。（新市
　　福壽巷北極殿）

臺南請水儀式

此投軍食糧，接受招募。[10]

　　部分法師還會在水牌頂端綁上一支小三角形旗，如善化什乃陳必芳法派在水牌頂端綁上黑色三角形旗，旗面書寫「水府扶桑大帝令」，此旗稱為「水府旗」、「水旗」，此即奉水府扶桑大帝之旨令，在此水域請水招軍的令旗。西港雙張廍王文龍法師在水牌頂端插上書有「謁水大吉」的黃色三角形旗，此三角形旗稱為「謁水旗」，象徵謁水大吉。也有在水牌上緣綁上一塊招軍帖文或告示，使請水招軍的目的更加清楚，如新化清水寺2015年前往六甲赤山龍湖巖廟前請水招軍，其水牌書寫如下：

　　奉玉旨勅令新化清水寺清水祖師劉部靈公列位尊神招軍買馬廣納賢士謁水大吉合境平安押煞罡

　　其水牌上緣再綁上一塊紅底黑字的〈招軍帖文〉，其內容記載如下：

靈寶大法師　今據
大中華民國臺灣臺南市新化區清水寺　欽奉
恩主清水祖師、劉部靈公列位尊神　尊奉
玉旨　涓取本月廿日仗士恭就
赤山龍湖巖廟前淨處　奉旨立壇

10　周宗楊整理，〈王文龍訪問記錄〉，2017年12月1日。

招軍請水　廣納賢士　以今

特開招軍帖文　昭告

此間江河潭洞水府一些晶仙

四方五路猛勇賢士　來受本寺

清水祖師、劉部靈公列位尊神　招納歸為

麾下五營軍兵　迎回寺中

輔佐神務　同扶神功　香火旺盛　共享

萬年香煙　俾境土清平　合境共享

堯天之泰　無若老幼俱獲安懷之福

四時無災　八節有慶　須至帖者

■ 水府旗即是奉水府大帝旨令請水招
軍的令旗，主要綁在水牌頂端。（西
港檨仔林鳳安宮）

■ 在水牌上緣加上一塊〈招軍帖文〉，
使招軍內容更為完整。（新化清水
宮）

臺南請水儀式

右帖給付

此間江河潭洞水府一些晶仙四方五路猛勇賢士

天運歲次乙未年五月廿日給

帖

除了上述溪南常見的以竹管製成的水牌之外，安定大同里吳雅期法師的水牌，則是將招軍訊息寫在方形的木板上面，再將木板固定於木棍上面立於水中，如安定油車南安宮2014年12月7日於曾文溪管寮段請水的水牌，僅書寫「油車南安宮五府千歲請水」而已。

三、告示、榜文

招軍用的告示、榜文為道教公告類的文疏，可用來傳達主神招賢納士的訊息，也有以文檢如〈招軍帖文〉來給江、河、潭、洞、水府的一些晶仙、四方五路猛勇賢士，同樣可達到昭告四方的功能。告示、榜文或帖文多張貼於木板上，主要搭配招軍旗或竹仔水牌使用，也有只豎立木製告示牌，並將此告示牌稱為「水牌」的說法。簡單的告示僅書寫主辦宮廟的主神名諱、請水目的、時間等，如永康大灣武龍宮2012年前往鹿耳門溪出海口招軍，海口豎有黑色招軍旗，沙灘亦豎有招軍告示，內容記載如下：

謹奉

大灣凌霄寶殿玄武上帝

謹於天運道曆歲次壬辰年辛亥月丙申拾捌日乙未時，取真
炁於精兵，招軍集壯士氣，扶主護國佑境，民安物阜康泰，
神名遠佈，威揚四海，香火鼎盛。

壬辰年辛亥拾月拾陸日 午告

示

　　較為正式的榜文，法師在豎立招軍榜文之前，需先由主神
降在乩童或手轎仔上，逐一檢視榜文內容，再由法師進行「開
文放榜」的儀式，逐一諷誦榜文內容，在當境水府、土地等聖
眾的監督證盟下，於請水地點昭告四方五路英雄好漢。以安定
六塊寮金安宮 2017 年 12 月 1 日於西港大橋下曾文溪南畔所豎
立的招軍榜文為例，主科法師王文龍法師進行「開文放榜」的
過程如下：

吉日良時，榜文開讀，全體作揖，拜，請跪

榜文

欽奉玉旨銜接行醫濟世之使

神威顯耀職司護國安民之命

溫殿堂皇揚將巡迴威儀安社稷

府衙壯麗魏門鎮守赫濯護生民

今據南瞻部洲臺灣省臺南市安定區六嘉里六塊寮

金安宮吉廟奉祀奉法宣經請神謁水請將開文放榜

祈求保安植福

茲因溫府千歲同袍威鎮六塊寮，保庄佑民，聲名遠播，香

火鼎盛，榮受四方善信之敬仰，為加添神祇威靈，永保護境安民之重任，特開要文

稟奏

三清上聖、天府十極高真，拜

圓光帝座、斗宮星君，拜

地府尊神、海域無邊聖眾，拜

俯臨照鑒

懇請

本境有感神聰，洪海溪河潭洞一切晶仙，此間山林高嶺五路修真諸員賢將，無比英靈猛勇進到壇場，於農曆十月廿九日巳時，接受本廟良神鑒證收納為麾下部將、勇士營兵，跟隨恩主回鑾宮廟，輔佐神務，同建善功，庇佑社稷，生民安寧，綿延本廟香煙，使代代相傳，千秋萬世，永久長興。

榜

主壇神 溫府千歲、伍府千歲、吳府千歲、中壇元帥、田都元帥、黑虎將軍

主行法師 西港龍一道法館龍一法師

■ 法師開文放榜逐一誦讀榜文內容，再將榜文豎立在水域邊。（安定六塊寮金安宮）

天運歲次丁酉年十月十四日吉旦　發文　張掛於此
拜，再拜，三拜，請起。

　　「開文放榜」之後，再將榜文豎立在水域邊，同時燒化金
紙。榜文的書寫可能因法師法派所學或傳承差異，而有繁、簡
的寫法，如仁德中洲北極殿2015年11月往黃金海岸招軍，所
豎立的紅榜記載如下：

扡水會靈福章　今據
臺灣省臺南市仁德區中洲里
仁德北極殿恩主北極玄天上帝等神祇顯示
擇於國曆11月7日農曆9月26日御前賜旨
扡水會靈招兵補將犒賞三軍
擇於國曆11月15日農曆10月4日入殿入火
安座祭典　庇境安
天運歲次乙未年9月廿日吉時立

　　亦有單獨在水域豎立告示，而無使用招軍旗的做法，如大
內石仔瀨天后宮僅在鹿耳門溪出海口豎立招軍告示，亦可視為
水牌的一種，其內容如下：

奉告
神恩廣大聖德無疆祈求庇佑
大中華民國臺灣省臺南市大內區石仔瀨天后宮

臺南請水儀式

■ 仁德中洲北極殿招軍挖水會靈福章。　　■ 山上天后宮2017年大內橋下請水招
　　　　　　　　　　　　　　　　　　　　軍榜文。

湄洲天上聖母擇取壬辰年三月十八日吉時

駕到此地請水點將

奉請中界地府聖眾 六丁六甲

上界天府高真 天兵天將

下界水府品仙 水兵水將

奉請列位尊神前來扶駕

祈求庇佑合境平安

天運歲次壬辰年三月初九日吉置

　　也有招軍榜文還明令募兵條件，需得符合「眉清目秀，十指齊全」的體檢標準，還貼心告知收編之後會「每月現發糧銀，不時操練，救濟萬民。」如山上天后宮2017年往大內橋下請水招軍，其發掛招軍榜文內容如下：

　　本壇依科修奉，切慮壇場弗潔難格，帝真必假法水，得以感通，為此合行傳請，上仰聖澤，賜滴之清水助灑瑤壇，肅五方之臭氣，永絕妖氛，上格三界之諸真，下叨平康之景覬須。

河漢群真，玉井龍王，水司真宰，因人心不古，偷盜掠殺頻傳，橫霸相欺，貪婪滋禍，庶民不安等。天降災難於世，而孤魂滯魄作怪，萬類肆虐，處處橫行霸道，造成民心恐慌。號令孤魂滯魄皆歸伏，擇於農曆三月廿日卯時，謁水請將，論行為派遣司職，各歸本位為任務。

　　眾孤魂滯魄，眉清目秀，十指齊全，充補本壇，編成隊伍，速赴壇前，解驗，每月現發糧銀，不時操練，救濟萬民。聽令，務要鼓聲為期，角聲為號，人來易過，鬼來不通行，有符有印，係是閭山門下兵郎將帥，無花無號，即邪魔外道，魅魍妖精，侵我壇界，打死勿論，跟隨嗣法弟子，救濟萬民，驅邪治病拷鬼，有應之日，論功賞勞，須至榜者。

　　一仰五營兵馬，各鎮五營，不時出入，救濟萬民等事，有應之日，將期高遷，兵期重賞。

　　一仰護壇官將，守護壇界，不許邪魔外道，侵入壇界，如有不報者，律以女青。

　　一仰外營兵馬，修造橋樑船隻，祈迎上帝臨軒，如有故違期不赴者，治罪施行。

　　一仰上中下界報事功曹，傳遞公文表章，如有延滯時刻，查出拏究不貸。

　　一仰值壇土地，守護壇界，不許通神作怪，侵害良民，如有查出，定行究處，右榜曉諭。

　　天運丁酉年三月初六日　給壇前曉諭。[11]

11　邱愈峰，〈山上天后宮請水招軍榜文〉（招軍榜文，2017）。

■ 在招軍旗底下另豎立榜文並 ■ 在請水地點佈置五營旗,派駐兵馬在此駐守。
行公告。(佳里新宅天玄宮)　(安定六塊寮金安宮)

　　以上為臺南地區常見的昭告方式,有單獨豎立招軍旗、竹仔水牌或水牌告示,也有招軍旗加榜文並行公告的做法,西港雙張廍王文龍法師則是採用招軍旗、榜文及水牌3種並行的方法,最為繁複。

　　一般宮廟在請水地點安招軍旗或水牌後,必須每日派人早晚上香,或是搭設簡單草寮、帳棚,恭請神尊駐守及人員進駐;亦有出錢委託當地人協助早晚上香事宜。部分宮廟還會遵照神明指示於現場安五營旗(有布質、紙糊兩類)派駐兵馬在此鎮守,等到請水儀式結束後,水牌通常現場火化,招軍旗或紙糊五營旗會帶回廟中,等到犒軍時火化,或是鎮守廟中等到下科請水再換新。[12]

12　佳里子龍廟永昌宮每回請水完畢的水牌會擺放三年,等到下個科期再換新。

第三節　臺南地區的請水儀式

　　臺南地區的宮廟在請水時，多聘請紅頭法師主導整個儀式的過程，更為隆重者延聘3位法師，由1位資深法師「徛（khiā）中尊」，另2位分立兩旁擔任都講、副講的角色；[13] 亦有法師與道士合作，由道士進行淨壇、請神、讀疏等文場的科儀，後由紅頭法師負責召營、點兵、請水等武場的法事。二仁溪流域上游的「請水香」儀式，亦多由北高雄一帶的法師所主導；八掌溪一帶的「刈水火」儀式，則多由宮廟乩童所主導，但亦有聘請道士、法師從旁協助的情形。至於為王船洗龍目、進順水、出澳使用的取水（請聖水）儀式，曾文溪流域南岸的鹿耳門聖母廟係由當科道長主導；許縣溪流域的歸仁仁壽宮由紅頭法師主持，關廟山西宮由當科道長負責，而歸仁大人廟並未延聘法師或道士，僅由案公及廟方四轎主導。

　　一般宮廟在抵達請水地點後，會在現場面向水域鋪設供桌擺上香爐、鮮花及素果、牲醴、紅圓、發粿等供品，其中差異較大的應該就屬牲醴這一項，較常見的牲醴以三牲或五牲為主，有只準備一副熟牲醴，或生、熟牲醴各準備1副的做法。有法師認為招軍也會招到一些像虎爺、蝦兵、蟹將、龜仙之類的靈獸，所以生的牲醴是給靈獸享用，熟的牲醴才是給司水之神、鎮海將軍、海口土地等神祇享用；也有認為生的是給天狗、

13　大灣清濟宮每四年舉行的蘆竹溝請水火尋根謁祖祭典，即是聘請3位法師共同主持儀式。

■ 一般請水的牲醴以一副生的、一副熟
的居多,各有用途。(佳里外渡頭厚
德宮)

■ 眾人站成一排人手一盤祭品,準備將
供品丟入海中。(永康大灣武龍宮)

白虎等煞星等,熟的是給司水之神等神祇。在祭拜過後,供品
有收拾帶回的,亦有於請水前,將祭品丟入水中供好兄弟享用
的情形。

　　至於紙錢的部分,廟方會準備壽金、九金、銀紙、經衣、
水府庫錢等,在立招軍旗時,壽金是燒給司水之神、鎮海將軍、
海口土地等神祇,燒九金銀紙、經衣、水府庫錢等是為了吸引
好兄弟們前來看招軍旗及榜文。請水完畢,同樣準備壽金和九
金分二堆燒,一堆燒給神明,另一堆則是安慰那些沒有被選上
的好兄弟們;也有將九金銀紙分成二堆,較少的給被選上的兵
馬,較多的則給沒有被選上的好兄弟們;當然也有只準備一堆
的做法,統一由鎮海將軍、海口土地等神祇派發給好兄弟。

　　就臺南地區法師進行的請水儀式步驟,大抵如下:

一、**上香**:帶領廟方執事人員向主祀神上香,禮畢後再往招軍
　　旗處上香。

二、**開壇**:法師持奉旨拍打案桌後,依序噀水清壇、開鞭等。

三、**請神、讀疏**：法師諷誦〈請神咒〉，恭請法派守壇諸神如普庵祖師、三奶夫人、玄天上帝、合壇諸猛將等，水府諸神如水府扶桑丹霖大帝、九江水帝、水府城隍、黃河淮濟晶仙、四海龍王、溪津仙女及鎮海將軍、海口土地及宮廟主神等，再稟告請水主旨，宣讀疏文。

四、**祭江**：部分法師如山上大庄福緣宮黃弈穎法師在設壇請水的同時，另於水邊擺設供桌、祭品進行「祭江」，奠祭水神及水中幽魂，祈求請水招軍順利。

五、**開光水府令旗**：有些宮廟會請法師於請水現場開光「水府水兵令旗」、「水府水將令旗」常駐於廟中，以與五營旗區別。

■ 於水域邊設案「祭江」，祈求請水招軍順利。（山上大庄福緣宮）　　■ 於請水現場開光「水府水將」及「水府水兵」令旗，以與五營旗區別。（善化道元堂）

六、**調營**：法師開鞭之後，依序舞動五營旗，調請五營兵將到壇前。溪北沿海地區的法師多會在調營之後，把五營營旗立於水域岸邊的地上一段時間，若是回程有安營釘竹符的行程，也會將竹符並列立在五營旗前方，代表收編水兵水將到五營內；部分法師還會先以白雞冠血敕竹符，藉此開

■ 鄭憲隆法師逐一舉旗調營，再將營旗
立於水域邊。（七股後港西唐安宮）

■ 黃茂霖法師以白雞冠血敕竹符，使其
具有靈性。（將軍漚汪昌安宮）

■ 陳炳從法師每調一營，即由爐主跋桮
請示營頭聖者是否收編水兵水將完
成。（麻豆朝天宮）

■ 黃漢鈜法師調動五營，並將營旗交由
乩童操五寶點兵。（學甲頭港鎮安宮）

光賦予靈性。等到請水時刻將近，法師帶領爐主來到五營
旗前，依序拔起五營旗，同樣進行召營儀式，逐一跋桮詢
問各營營頭聖者，是否已將該營水兵水將「收抾」（khioh）
到壇前，並由爐主逐一跋桮確認。

七、點兵、請水

　　一般宮廟請水多以瓷甕、陶缽、水桶、錫杯、銅爐等器皿
（俗稱「水爐」）進行汲水儀式，有些宮廟因為路程顛簸，回宮
之後聖水多有溢出，改以茶壺或有蓋的透明玻璃瓶、透明塑膠
罐取代，山上地區多以透明有蓋的塑膠罐盛裝聖水；二仁溪流

域上游關廟區的田中、龜洞、布袋等區宮廟，在請水時多以米酒瓶或高粱酒瓶盛裝聖水。一般宮廟請水儀式多由爐主奉請水爐舀水，係屬值年爐主享有的權利，亦有由主任委員或乩童親自奉請水爐舀水的做法。

　　部分法師在請水前會先以線香勅水爐，並過一下淨香爐，藉此清淨去穢，在請水時多朝外舀水，代表向外「收抾」水兵水將回宮效力。大部分宮廟請水都是請1跤水爐的聖水，也有視主神需求，如學甲舊頭港鎮安宮玄天上帝每年3月「上帝公生」前，必前往雙春海水浴場請2跤水爐；佳里子龍廟永昌宮趙聖帝君每隔3年聖誕前，必前往曾文溪請3跤水爐。

■ 一般請水是值年爐主的權利，但也有主任委員請水的情形。（七股水師寮天南宮）

■ 尹鴻林法師在請水前先以線香勅水爐，相當慎重其事。（官田南廍福安宮）

　　法師在逐一請示五營營頭聖者是否已將水兵水將「收抾」已畢（收編完成），由爐主逐一跤得聖桮之後，法師再逐一將五營營旗交給乩童或手轎，由神明操練相對應的五寶法器來「點兵」。神明點兵完畢，法師踏「四門」[14]將水爐交給爐主，然

14　四門即按方形的四個方位移動，不管二人怎麼移動，二人始終在對角線的相對位置。

臺南請水儀式

■ 法師踏四門將水爐傳給爐主。（佳里子良廟永昌宮）

■ 法師沿途灑紙錢，讓無意從軍的好兄弟領取，不要干擾儀式的進行。（新營竹圍仔竹安宮）

■ 封符有貼於爐口，亦有交叉貼於側身的做法。（將軍馬沙溝聖流堂）

■ 將封符貼於水爐頂蓋，並以膠帶黏貼固定。（仁德中洲北極殿）

後法師、乩童、爐主一起往水域走去，眾人齊涉水中後，法師先向空中拋灑金銀紙錢，讓無意投軍的幽魂領取，避免干擾儀式的進行，然後再將一把線香往水裡丟去，象徵向水兵水將行「請香禮」，以清香迎請水兵水將上岸，最後由乩童指示爐主向外舀水。請水畢，法師會先在水爐容器口包覆紅布綁緊，[15]同時在紅布或水爐側身貼上「封符」[16]用以避穢，也有只包覆紅布不

15 佳里興黃漢鋐法師此派會先將押煞符丟入水爐中，然後覆上紅布，紅布上再貼上封符。
16 封符就為細長形黃色符令，代表封條的意思。常見的封符有「清淨化煞符」、「風調雨順、國泰民安」，也有書寫主神於何年何月封的格式，如「雷令謝正宮觀音佛祖於辛卯年季秋月壬寅日封」。

貼任何封符的做法，最後再以涼傘或黑傘遮掩，象徵不見天的護送水爐請入香擔內，關上香擔兩扇門，再交叉貼上封條，亦有沒準備香擔直接請入神轎底層暗格安置的做法。

　　溪南地區的法師如善化陳必芳法師在請水前，會先在供桌到水域之間兩側，沿途插上線香，形成一條香路，代表請水的時候，將由這條香路下水，上岸後也沿著這條香路抵達供桌，香路另有接引水兵水將上岸的說法；此派也會準備一隻白雞，在爐主請水上岸後，會取雞冠血敕水爐及水牌，有祭煞的作用，然後再將水牌綁在神轎上側邊，白雞亦綁在轎頂參加遶境。

　　永康楊平星法師在主持仁德六甲仔清水宮請水時，於海邊鋪設紅地毯至香案處，並於紅地毯兩側插上線香，藉此隆重「請王」，迎請水兵水將的首領上岸。除了透過請水可以招軍之外，筆者也曾見過只拔招軍旗、水牌並未請水的案例，如永康大灣武龍宮2012年農曆11月18日入火安座前，前往鹿耳門溪出海口招軍領兵，當時僅於海中拔起招軍旗後即刻回駕，並未見到廟方有拿任何容器請水的情形；永康王行開天宮曾於2016年農曆乙未年12月1日組團前往許縣溪招軍，當時即由神農大帝乩童拔起水牌告示，[17]並未有任何請水的行為。

八、請火、請香

　　將軍溪流域部分「遙祭型」的請水宮廟，如學甲慈濟宮「上白礁」請水、學甲大灣清濟宮請水火、海埔池王府「上馬巷」

---

17 該宮使用的水牌屬告示形式，將招軍資訊書寫於木板上，背後釘上木棍，再將木棍插於許縣溪畔。

■ 現場鋪設紅地毯並於兩側插滿線香，以示隆重。（仁德六甲仔清水宮）

■ 以白雞冠血勅水爐，帶有祭煞的功效。（善化茄拔天后宮）

■ 將水牌綁於神轎側邊，並以白雞冠血勅水牌。（善化茄拔天后宮）

■ 白雞冠血勅水爐、水牌後，將白雞綁於轎頂參加遶境。（安定什乃代天宮）

請水、佳里溪洲永興宮遙祭請水，或是豎旗招軍的宮廟如佳里興震興宮、麻豆蔥仔寮震安宮等，在舉行請水儀式後，會再進行「請火」及「請香」的儀式，其代表的意義如下：

請火：將燒紅的烘爐，置入另一個香擔內，象徵恭請祖廟香火，取薪火相傳，香火綿延之意；另有「請火」是為了護持水爐平安回宮，取其「水火同濟」之意。[18]除了學甲慈濟宮、大灣清濟宮、海埔池王府於現場請火之外，佳里興震興宮及麻豆蔥仔寮震安宮在請水前，均先前往玉皇宮或麻豆代天府進香請火，所以也會將請火的香擔請至請水現場，此時法師不再另行

---

18 此係學甲王朝文法師告知。

■ 學甲慈濟宮「上白礁」請火儀式，象徵恭請祖廟的香火。

起烘爐火，而是在請水完畢後，直接拿起火爐的香擔「踏四門」傳給爐主，藉此完「請火」的儀式。將軍巷口李聖宮每年農曆4月26日「李王生」前，組團至將軍溪進行遙祭暨請水儀式，法師會在現場起烘爐火，並在請水上岸後，先將烘爐請入香擔內，再以紅布包覆水爐，貼上封條後，再一起請入香擔內，藉此完成請水、火儀式，但李聖宮並沒有「請香」的儀式。

請香：將二大捆線香貼上符令，由法師「踏四門」傳給爐主，回程後利用遶境時，將線香放在信眾的香案上，取其「香煙遍佈、庇蔭後昆」之意；[19]另學甲慈濟宮上白礁的「請香」有「搶頭香」的意義：

大家認為搶的頭一支香，等於「拔頭籌」好采頭，將搶得的香拿回家，插於神龕香爐，可獲得神明保祐平安。因此每次

---

19 此為佳里興黃漢鋐法師此派的解釋。

臺南請水儀式

法師把香點燃後，大家爭先恐後登亭上「搶香」，一直搶完為止，肉搏爭搶，危險至極，廟方為防發生意外，遂宣佈不讓大家「搶頭香」，點燃一大捆香後熄火，交爐主裝入紙箱內，帶回慈濟宮，俟遶境香陣抵該宮參拜時，由法師分予參加遶境之轎班及藝陣人員。[20]

　　等到香陣入廟時，再將線香分給所有參與的宮廟與信眾。學甲區學甲寮慈照宮在參加「上白礁」時，乩童會奉請一大捆線香走到燒金紙處，以香頭稍微輕碰火源「請香」，然後再到將軍溪「請水」。將軍金興宮每年農曆3月15日「大道公生」前的週日，必組團前往將軍溪金興宮白礁亭「請水」，但並未有「請火」及「請香」的儀式。

■ 佳里興黃漢鋐法師一派的「請香」取其香煙遍佈、庇蔭後昆之意。

■ 學甲慈濟宮「上白礁」的請香有「搶頭香」之意。

九、安營、安爐、犒軍
　　部分溪北地區的宮廟會在每年請水回駕後，順便進行年度

20　黃有興，〈學甲慈濟宮與壬申年祭典記要〉，《臺灣文獻》46：4（南投：臺灣省文獻委員會，1995），頁164。

的安營換竹符儀式，藉此將水兵水將派駐在外五營中，大致有先入廟安水爐，後再安營，或是先安營後，再入廟安水爐兩種類型。在廟方安水爐、安營之後，通常擇於「神明生」當天午後，或翌日準備祭品犒賞兵馬。

■ 部分宮廟在請水回宮後，接著進行安營換竹符的儀式。（漚汪檳榔林昌安宮）　　■ 多數請水宮廟會在神明聖誕下午犒軍，犒賞五營兵將。（山上天后宮）

■ 第四節　二仁溪流域的請水香儀式

　　「請水香」又稱「刈水香」，盛行於二仁溪流域的關廟田中、龜洞、布袋及龍崎苦苓湖等地區，此區域除了布袋灣仔三官府每年固定於農曆 2 月 19 日前舉行外，其餘的田中玉虛宮、田中聖帝殿、龜洞福安堂均不定期舉行。由於本區鄰近北高雄的燕巢、田寮、阿蓮等區，深受北高雄地區請火招軍的影響，故多聘請北高雄地區的法師主持儀式，但仍保有臺南地區的請水習俗。筆者以關廟龜洞里福安堂聘請高雄永安合興道壇的陳明證法師，於 2018 年農曆正月 5 日前往安平海域「請水香」為例，略述其儀式如下：

一、插招軍旗、安臨時壇

　　「請水香」儀式主要以招軍買馬為目的，故需在「請水香」儀式舉行的前3天前往招軍水域豎立招軍旗。招軍旗以長方形黑色布條為主，招軍旗頂端另掛有一盞四方型的招軍燈，燈的四片玻璃分別書寫「主神名諱」、「招軍燈」、「風調雨順」、「國泰民安」等字樣，並設有1頂斗笠遮蔽招軍燈；招軍旗主要固定在海中，招軍燈必須牽電線到岸邊插電日夜點亮。此區的招軍旗亦由承辦的法師以粉筆書寫，以關廟龜洞福安堂2018年農曆正月5日請水為例，其招軍旗書寫格式如下：

　　奉旨臺南關廟龜洞福安堂清水祖師、觀音佛祖、田都元帥、福德正神、中壇元帥擇於正月初五日往臺南市安平海墘進香請火招軍買馬回駕遶境安座罡

　　在請水前3天到請水地點搭廠設臨時壇安神位，由神明降乩指示前往水域豎立招軍旗，並安置五營旗駐守，同時派人住在帳棚中日夜焚香祭拜。

■ 在水域岸邊搭廠豎壇安神位，豎立招軍旗，同時派人駐守日夜焚香祭拜。

二、出發前置作業

由於「請水香」多在凌晨卯時完成招軍儀式，故多在凌晨子時開始進行出發前的工作：

（一）廟內調兵出壇前

由於之前在海墘設壇插旗招軍時，主神已有派駐部分兵馬駐守當地，「請水香」當天亦必須封廟門，帶齊全部兵馬出動，故在前一晚，法師會在廟內進行「調大營」儀式，調出五營兵馬出壇前，此刻調出的五營兵馬係法師自己帶來的兵馬，出壇前來協助鎮守廟宇。北高雄地區「調大營」儀式，類似臺南地區的調營儀式，但比臺南的調營更為精彩；係由法師一邊唸〈調營咒〉，一邊舞動營旗藉出調出五營兵馬，次再向五個方位調出營頭聖者，最後舞動七星劍、嘖水、淨壇、結界完成整個

■ 於出發前先進行開營放兵出壇前的科儀，法師將自己帶來的兵馬派駐在廟內。

臺南請水義式

儀式。由於儀式進行中，法師與後場一搭一唱，加上後場樂器伴奏，使得現場氣氛十分熱絡。

（二）友宮報壇

多在午夜12點開始，參加「請水香」的友宮神轎、陣頭陸續前來報壇參拜，同時享用主辦廟方準備的點心。

（三）揹玉旨、帥印、五寶

本區「請水香」儀式承襲北高雄地區的做法，在出發前會指派相關人員揹著玉旨、五寶、劍、印、令旗等信物。臺南地區的宮廟多由神明自己向上天請旨來請水招軍，故廟方並沒有前往天公廟領旨或是有具體的玉旨呈現，但本區的「請水香」儀式承襲北高雄地區的做法，由法師製作有形的玉旨，先放在

■ 由神明指派人員將玉旨等神物揹在背上。

廟中神龕前，等到出發前，由神明指派的人員來揹玉旨、帥印
或其他信物。

（四）封廟門

由於「請水香」儀式必須由主神帶領全部兵馬全員出動，
也視同帶兵作戰，故出發前必須封閉廟門，改由法師調請的兵
馬顧守，藉此禁止閒雜人或其他無形的鬼魅進入，在封廟門時
必由乩童或四轎主導，並由法師交叉貼上黃色封條，廟方也會
廣播生肖相沖的民眾，務必在封廟門時離開現場。

■ 出發前必須關閉廟門，禁止閒雜人等
進入。

■ 所有神轎、陣頭在出發前均需過油鼎
火。

（五）煮油過火

所有神轎、陣頭在出發前均需過油鼎火，法師將米酒含於
口中向油鍋噴出，使油鍋的火往上竄升，所有陣頭人員藉此抱
火，神轎抬高越過油鍋，予以清淨去穢。

三、請水、刈火

抵達海堭神轎就定位後，先將主祀神祇請入帳棚內安座，

接著法師換上道袍進行相關科儀法事。

（一）上香、請神

　　道長引領眾人先向主神上香，再移駕到海邊面向招軍旗上香，藉此招賢納士，祈求今晚「請水香」儀式圓滿大吉。上香之後，接著道長進行請神科儀，依序步虛、淨壇、請神、宣疏入意，並由爐主三獻酒；儀式結束後，眾人稍作休息，法師也開始準備降真爐的火藥填充步驟。

■ 全體信眾先向主神上香。　　　　　■ 法師進行調大營。

（二）調大營、關大轎

　　「請水香」儀式包含酒瓶請水及降真爐請火兩個步驟，多在清晨5點卯時進行，因此在凌晨4點左右法師即準備開始「調大營」，其步驟與前一晚在廟內「調大營」儀式相同。在調營儀式後，所有人抬起四轎、神轎準備「關大轎」，並由法師在神轎旁或乩身旁打鑼鼓催神降臨，最後等到副帥轎、主帥轎一一衝向帳棚祭壇確認主帥發聲，這才準備進行請水、請火儀式。

（三）請水、請火

　　乩童或大轎帶領法師及爐主等人快速步行至招軍旗下方，在法師吹奏角鼓後，先將一大疊「古仔紙」拋向空中，讓無意投軍的好兄弟領取，不要影響請火儀式的進行；隨後法師持3支「暗八香」點燃降真爐中的火藥，火花隨即降真爐中向上噴出，藉著五方降真氣，水兵水將也藉此收入降真爐內；在請火的同時，另一名爐主也拿著空酒矸仔汲取海水完成請水儀式。請水、火之後，留下部分人員在現場拔招軍旗，降真爐則以黑傘護送至臨時帳棚內，法師折斷3支暗八香的香頭（象徵火源）置入降真爐內，並將降真爐、水爐（酒矸）一同置入香擔內固定，最後關上香擔兩扇門再交叉貼上封條，再將香擔交由爐主

■ 1 爐主以透明酒矸仔請水。

■ 2 主任委員跪請降真爐，準備由法師點燃請火。

■ 3 法師將降真爐及酒瓶置入香擔內安置，準備回駕。

以扁擔肩扛準備回駕，法師則續留在現場繼續謝壇法事。

（四）過七星爐、開廟門、合爐、犒賞

　　隊伍返回主辦宮廟後，所有工作人員先享用早點，後於庄內祈福遶境。等到入廟吉時一到，乩童帶領香陣人員一一跨過七星爐，然後以七星劍劃破封條開啟廟門，依序將神尊、香擔請入宮中。法師打開香擔取出水爐及降真爐，水爐先請入神房內安置，隨後以七星劍舀取降真爐中的香火，逐一和廟內的各神龕香爐進行「合爐」儀式，並於「神明生」當天下午，廟方再準備供品犒軍，藉此犒賞五營兵將。

■ 乩童帶領眾人逐一過七星爐，以清淨去穢。

■ 乩童以七星劍劃破封條開啟廟門。

■ 法師取出降真爐進行「合爐」儀式。

▌第五節　水爐的處理及用途

　　一般宮廟請水回宮後，多將水爐請入神房內安置，但在請入神房之前，可能因法師所學或是廟方慣例，對水爐的聖水有不同的處理方式，筆者收錄如下：

一、直接請入神房內、外安置

　　將水爐迎入神房內安置的做法最為常見，通常置於神房內的大、小爿，或是神房底下特地鑿一洞府安置，也有較特殊的如佳里子龍廟永昌宮所請回來的 3 個水爐則是置於神房 3 尊鎮殿神尊後方。[21] 神房外安置水爐的位置以虎爿五營旗斗旁及四點金的神桌下最為常見，如學甲慈濟宮的水爐即放在四點金六角桌底下，學甲頭港鎮安宮的水爐則放在後殿四點金的神桌下。

■ 水爐置於神房底下的洞府，任其乾涸。（佳里興保興宮）

■ 關廟布袋三官府歷年請水的米酒矸置於神龕龍爿。

21　該廟表示水兵還要經過趙聖帝君訓練，所以置於鎮殿神尊後方。

二、淨置一段時間後化符入水飲用

水爐淨置一段時間後，加入清水同時化符入水，來提供信眾飲用，藉此祈求平安，筆者蒐錄一些宮廟作法：

（一）將軍角帶圍興安宮自七股後港東「楊府元帥井」請回聖水回宮後，先將水桶的水倒一半在另一個水桶裡，原來的水桶請入殿內安置，另一個水桶則是加上自來水稀釋，然後於水中焚化楊府元帥指派的符令，再供當地民眾飲用。

（二）學甲寮慈照宮每年參加學甲慈濟宮上白礁祭典，所請回去的聖水，會先安置在神龕龍爿，待一年後才打開水爐，倒出沈澱一年的聖水，加上自來水一起混合，再焚化保生大帝指派的符令於水中，供信眾

■ 聖水加自來水稀釋，然後化符入水供信眾飲用。（將軍角帶圍興安宮）

飲用；然後又在農曆3月11日參加學甲慈濟宮「上白礁」祭典時，再從頭前寮將軍溪請回新的聖水。

（三）七股城仔內水師寮天南宮若有舉行請水儀式，便會將水爐放在神龕裡存放一天，隔天再將聖水倒入大水缸中稀釋，供信徒飲用「食平安」。

（四）大內二溪紫分寺每回請水的水爐多置於神房內，若有庄內信徒生病，可向觀音佛祖跋桮請示，求乞一些聖水來飲用或當藥引，據說有治病的功效。[22]

三、結馬草水後靜置

　　佳里興黃漢鋐法師此派也有將水爐結五營馬草水的做法，也就是將水爐的水分3次少量倒入廟前馬草水，同時誦唸吉祥話語：

一結統兵安營鎮守、庇佑人子保平安
二結統兵安營鎮守、庇佑人子萬萬年
三結統兵安營鎮守、庇佑人子團團圓[23]

　　此種做法象徵兵馬派駐到五營之中，還剩半爐水的水爐，再請入神房內安置。

---

22 周宗楊整理，〈陳振章訪談記錄〉，2018年4月4日，陳振章1951年生，為紫分寺委員。
23 由西港後營林志銘法師告知。

將水爐的水分次倒入馬草水「結馬草水」。（西港烏竹林慈天府）

麻豆代天府請龍喉水，多會開放給現場民眾索取。

四、醫療、淨宅

麻豆代天府每逢刈香前往龍喉請水，會多請2桶井水上來，有1桶會貼上封條帶回廟中存放，等到五府千歲要為信眾治病或其他用途才會打開使用；至於其他2桶井水，則是開放給現場民眾索取，法師還特別交待民眾聖水可用來淨宅，剩下的水再倒回龍喉鳳池裡。

五、結香爐後靜置

善化什乃陳必芳法師此派在水爐請入廟中後，以湯匙舀取一匙聖水倒入廟內每個香爐中，同時誦唸吉祥話：

水兵水將庇佑○○宮庄內人丁弟子添丁大發財，
金銀財寶滿厝內，進哦。

藉著「合爐」的儀式將水兵水將請回廟中。官田二鎮觀音寺在請水回駕後，先放置神桌3天，再打開紅布以湯匙舀水滴

在內爐及外爐內，完成「合爐」的儀式；善化土虱堀聖興宮除了將聖水滴在宮內各爐，在犒賞結束燒金時，亦會舀取聖水倒入金爐內，剩餘的聖水再請回宮中神房安置。

六、靜置後結竹符

山上苦瓜寮朝天宮每回請水回宮，先將水爐迎入神房內安置，等到「媽祖生」進行更換外五營竹符時，指派 5 位委員以杯子舀取聖水，直接將聖水淋在釘好的竹符上。[24]

七、開水爐放兵犒賞

山上天后宮在「媽祖生」時，由法師打開水爐的紅布藉此放兵，再將水爐迎請至廟前參加犒軍。

八、灑水放兵

柳營果毅後鎮西宮每次請水回宮 3 天後，由乩童進行開水爐「放兵」的儀式。廟前搭設平臺擺上供桌，招軍旗綁於供桌桌腳，供桌上再擺放水爐及糖果，案桌前方置有一個大水桶，內盛九分滿的自來水。乩童帶領 2 名委員站上臺上，先擎香向上天稟報，然後打開包覆水爐的黃布，以手沾聖水灑向前方，象徵「放兵」，兩旁的委員也同時向臺下丟糖果；在灑水數次後，乩童再將聖水倒入前方的大水桶內，此刻燒金鳴炮，同時

24　周宗楊整理，〈苦瓜寮朝天宮主委訪談記錄〉，2018 年 5 月 6 日。

■ 打開水爐放兵,並請至廟前參加犒軍。（山上天后宮）

■ 代表水兵水將的紙旗於犒軍後,請至金爐火化。（山上天后宮）

將招軍旗火化。[25]

九、倒入溪中回歸本位

　　西港檨仔林鳳安宮宋江陣在「謝館」當天,先準備供品祭拜,然後再迎請水爐至曾文溪畔,再將水倒入曾文溪中,象徵

■ 將水爐的聖水倒入排水溝,恭送宋江師傅回歸梁山本位。（西港檨仔林鳳安宮）

■ 水牌迎至曾文溪畔河堤內空地火化,藉此完成「謝館」。（西港檨仔林鳳安宮）

25　周宗楊整理〈鄭吉宏訪問記錄〉,2018年6月9日。

恭送宋江師傅回歸梁山本位。2018年「謝館」於農曆5月3日舉行，因為當天下雨，加上前往曾文溪的溪埔道路泥濘難行，故請示神意之後，由宋江陣護送水爐至庄東靠近南45線鄉道的大排水溝旁，由紅頭法師協助爐主將水爐中的水倒入大排水溝，至於水牌及金紙則於曾文溪河堤附近的空地火化。

十、迎入廟中置於火上烹煮

　　八掌溪流域的後壁本協朝天宮在「刈水火」返廟後，會將請水的茶壺置於烘爐上烹煮，由爐主看顧適時加水，直到神明交待的天數才停止。

第 五 章

刈水火的宮廟

「刈水火」盛行於八掌溪中上游一帶，主要以後壁上茄苳顯濟宮、下茄苳泰安宮、白河顯濟宮為中心的信仰圈宮廟為主，多在午夜封閉廟門後，再前往儀式地點如白河北埔附近八掌溪、頭前溪匯流處「雙溪口」，或東山往白河的青葉橋底下，六重溪與白水溪匯流成急水溪的「雙合水口」等處「刈水火」，通常數年或數十年才舉行一次。

白河糞箕湖顯濟宮

糞箕湖顯濟宮創建於清康熙年間，主祀保生大帝，今日廟貌係於2015年修建，歲時以農曆3月15日保生大帝聖誕為慶典日。顯濟宮曾於2009年至2011年連續3年於保生大帝聖誕前，舉辦「刈水火」暨祈福遶境慶典活動，係從祀神關聖帝君要招募兵將，指示廟方組團前往頭前溪畔

■ 白河顯濟宮組團前往頭前溪畔刈水　　■ 刈水火儀式由乩童主導，法師從旁協
火，現場人山人海十分熱鬧。（許評　　助。（許評註提供）
註提供）

「刈水火」招軍，儀式均於凌晨舉行，在封閉廟門張貼封條後
隨即出發。香陣抵達頭前溪畔後，現場擺設案桌陳列祭品，並
將香擔及神像置於案桌上，香擔前方擺放一大一小的淨爐，爐
內均燃著香末。儀式延聘靈寶派的道士主持，道長換上一襲黃
色海青頭綁紅巾化身法師進行相關法事，乩童也紛紛涉入水中
巡視。約於天亮之際，關聖帝君的乩童來到案桌前，徒手抓取
小淨爐的香火到大淨爐中，隨即指示工作人員將大淨爐移入香
擔內，貼上封條後，隨即返回白河祈安遶境，並於入廟後取出
香擔內的淨爐進行「合爐」儀式。

白河頂山仔腳頂山宮

頂山宮主祀清水祖師，同祀天上聖母、玄天上帝、城隍爺、
觀音佛祖等神祇。早期尚未建廟時，各神尊均奉祀於各姓廳
堂，每逢初1、15全庄才一同祭祀，後於1963年創建廟宇，顏
曰「山師吉宮」。其後又增祀城隍爺、觀音佛祖，今日廟貌係
於2009年重建，歲時以農曆正月初6為慶典日。頂山宮在歲時

聖誕慶典前，多會組團前往關仔嶺碧雲寺及天公廟清虛宮進香請火；若有神明指示，才會另外舉行「刈水火」的招軍請火儀式。請火的地點位於北側八掌溪與頭前溪匯流之處的雙溪口。2014年初奉玄天上帝指示前往北埔雙溪口「刈水火」招軍請火，藉此招募水兵水將回宮；2015年中組團前往下營上帝廟進香請火，2016年底再前往火山碧雲寺清虛宮進香請火。[1]

白河崁仔頭保安宮

崁仔頭保安宮前身為福德爺廟，奉祀福德正神，係清康熙年間先民自福建迎奉土地公香火渡海來臺，卜居崁仔頭拓墾，後由蘇姓倡議雕塑金身建廟奉祀，後於1946年重建廟宇，更名為「保安宮」，改主祀保生大帝，[2]今日廟貌仍在重建中，歲時以農曆3月15日保生大帝聖誕為慶典日。崁仔頭保安宮曾於2018年農曆3月13日夜組團前往白河關仔嶺火山碧雲寺進香，在14日凌晨請火過爐後，再前往水火同源風景區刈水火。廟方先將香擔置於水火洞前方，然後取出香擔內的淨爐，添入檀香粉、束柴並點燃；等到時辰一到，乩童對著淨爐操練七星劍，表示刈水火圓滿，隨後再將淨爐移入香擔內，關上兩扇門貼上封條，隨即乘車返廟。回宮後，乩童以七星劍劃破封條開啟廟門，然後取出淨爐，逐一將香灰加入廟內的各香爐中「合爐」。據主委吳江益表示，保安宮前往關仔嶺水火同源刈水火，2018

1　參見〈頂山腳頂山宮〉(臉書粉絲專頁，2016年6月26日文章)。

2　陳仁德，《臺南縣市寺廟大觀》(高雄：興臺文化，1963)，頁193。

年是第2次，距離上次已有40年之久。[3]

後壁下茄苳泰安宮

　　泰安宮主祀天上聖母，俗稱「茄苳媽」，創建於清康熙23年（1684），今日廟貌係於1992年興建，[4]歲時以農曆3月23日「媽祖生」聖誕為慶典日。泰安宮「茄苳媽」向來不定期徒步出巡轄內36庄頭，當地稱「舉香」，最早可追溯到日明治39年（1906）由管理人廖炭在廟宇重修之後發起，當時安排4日行程，遶境的路線分為安溪寮、菁寮及白河等3條路線，並在遶境前先前往白河、東山交界的青葉橋底下，白水溪與六重溪匯流處的「雙合水口」請火招軍，俗稱「刈水火」。日治時期，連續舉行2年，後於1967年「媽祖生」前夕，由管理人陳祥再次發起「舉香」的4日遶境活動，循舊例連續舉行3年，並依古

■ 後壁鎮安堂逢科年先到南鯤鯓代天府進香，並於翌日清晨回駕。

■ 鎮安堂前往蚵寮頭港大排安招軍旗「刈水火」，並未有請水、刈火的儀式。

3　周宗楊整理，〈吳江益訪問記錄〉，2018年7月7日。吳江益，1948年生，保安宮主委。

4　未署名，〈後壁下茄苳泰安宮〉（沿革簡介摺頁）。

香路第一日上午9點自泰安宮出發後，行經本協、下秀祐、白河，再至東山、白河交界青葉橋下「雙合水口」請火招軍，然後沿途遶境白河、後壁回宮安座。[5]泰安宮自1967年至1969年一連3年「刈水火」，此後即未再舉行。

後壁藥店口鎮安堂

藥店口鎮安堂位於平安里社區活動中心內，主祀池府千歲，同祀金府千歲、玄天上帝，今日社區活動中心係於1981年興建，歲時以農曆正月14日為慶典日；前一日前往下茄苳泰安宮恭請天上聖母、旌忠廟恭請岳府元帥回宮看戲，每2年前往南鯤鯓代天府進香，回程進行平安遶境活動；每4年（丑、巳、酉）「刈水火」招軍。「刈水火」並未在水域邊請水、刈火，僅由乩童跳入水中巡水路，然後指定地點擺設祭品、安插招軍旗，最後由宋江陣排八卦、燒金鳴炮即告完成。1996年以前，每逢農曆正月14日清晨自南鯤鯓代天府刈火回駕後，均按金府千歲指示前往後壁菁寮橋「刈水火」。後來地點較不固定，曾前往下茄苳大排、北門蚵寮頭港大排、在來大排、嘉南大圳支線「刈水火」。[6]2017年適逢科年，農曆正月13日上午先前往下茄苳泰安宮請媽祖、旌忠廟請岳府元帥後，下午前往南鯤鯓代天府進香過夜，翌日上午7點半自南鯤鯓請火回駕，再前往蚵寮派出所前方的頭港大排安黑令旗「刈水火」，上午11點入

5　黃文博、謝玲玉，《後壁香火》（臺南：泰安宮旌忠文教公益基金會，2001），頁194。

6　參見〈平安里鎮安堂宋江陣黃腳巾〉（臉書粉絲專頁，2016年6月26日文章）。

廟合爐，下午1點開始祈安遶境。

後壁上茄苳顯濟宮

　　顯濟宮主祀保生大帝，創建於清嘉慶10年（1805），今日廟貌係於2008年修建，[7]歲時以農曆3月15日保生大帝聖誕為慶典日。顯濟宮另不定期「刈水火」招軍，曾前往白河北埔八掌溪與頭前溪匯流的雙溪口招軍，據廟方編撰的《上茄苳顯濟宮保生大帝寶錄》記載，「刈水火」最早可追溯到日明治35年（1902），每科連續舉辦3年，其後又於1976年、1996年、2007年舉辦，[8]最近一次為2009年農曆3月14日凌晨舉行。每科「刈水火」均須提前數日前往白河北埔雙溪口安插黑色招軍旗，農曆3月14日凌晨3時廟方聯合13庄宮廟一同前往。先將保生大帝及香擔迎至案桌上，然後取出香擔內的淨爐，並於淨爐兩旁各擺放1個小的副淨爐，3個淨香爐內均燃燒檀香粉末。約於凌晨5點，乩童指示拔起招軍旗，然後再到案桌前，徒手抓取副淨爐中香火到主淨爐內3次，隨即將主淨爐請至香擔內安置，然後貼上封條回宮「合爐」。

後壁本協朝天宮

　　本協朝天宮主祀天上聖母、黃府大使，天上聖母係由鄭氏部將迎請來臺，黃府大使分靈於白河河東里匏仔園水口宮，今

7　徐炳崑，〈上茄苳顯濟宮簡介〉（廟內沿革碑誌，1999）。

8　林良憲，〈刈水火儀式型能及其社會文化意義－以臺南後壁上茄苳顯濟宮為例〉（高雄：高雄師範大學臺灣歷史文化及語言研究所，2014），頁61。

日廟貌係於 1976 年興建，[9]歲時以農曆正月 14 日黃府大使聖誕為慶典日。朝天宮另不定期「刈水火」招軍，其儀式包含在溪邊刈火及請水；前幾日必先前往請水地點插招軍旗，並於招軍旗四周插上 4 支竹管，綁上紅線為界。「刈水火」當天上午廟方先於廟內準備烘爐、茶壺各一，烘爐內燃燒著碳火，等到出發時再將烘爐置入香擔內，由 2 人肩扛步出廟門同時撐黑傘遮掩，廟方隨即封閉廟門貼上封條。

抵達請水地點後，乩童將五營旗分別插在招軍旗及周圍的 4 支竹管上，待時辰一到，廟方將香擔置於招軍旗旁邊的長板凳上，同時打開香擔的兩扇門；乩童則手持五營旗及茶壺涉入溪中請水，隨後關上香擔的兩扇門、貼上封條，拔起招軍旗及竹管返駕回庄。[10]入廟之後，將茶壺置於烘爐上煮，並由頭家仔顧烘爐火，適時加水避免茶壺內的水燒乾，一直到神明指定的時間為止，廟方也連續犒賞五營兵將 3 天。朝天宮歷年「刈水火」的地點大致以白河北埔雙溪口為主，也曾至東山、白河交界的青葉橋下，撫頭將軍廟急水溪支流白水溪與六重溪雙叉溪口，最近一次「刈水火」為 2009 年農曆 4 月 29 日。除了「刈水火」會請水之外，若是前往關仔嶺天公廟進香，在返廟時也會請廟前的井水，十分特殊。[11]

9　劉振山等，〈本協庄與朝天宮〉（活動中心內沿革誌，1990）。

10　參見〈茄苳媽行腳－後壁本協朝天宮招軍請火慶典〉（Xuite 部落格，2011 年 11 月 30 日文章）。

11　周宗楊整理，〈林國雄、沈太平訪問紀錄〉，2018 年 1 月 20 日，林國雄、沈太平為歷任主委。

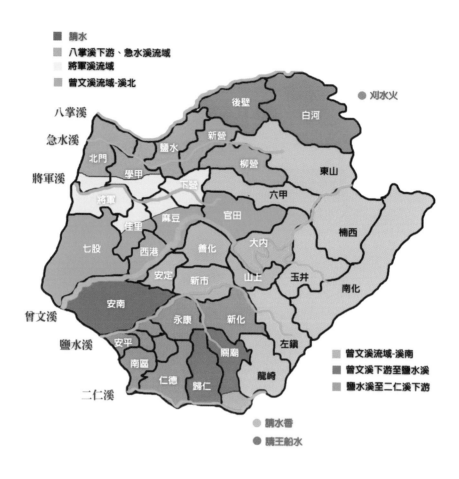

● 刈水火

八掌溪
急水溪
將軍溪
曾文溪
鹽水溪
二仁溪

後壁　白河
新營　柳營　東山
鹽水　六甲
北門　學甲
下營
將軍　麻豆　官田　楠西
佳里　善化　大內
七股　西港　新市　山上　玉井
安定　　　　　南化
安南　　　新化
永康　　　左鎮
安平　關廟　龍崎
南區　仁德　歸仁

■ 臺南「刈水火」、「請水」、「請水香」地區分布圖

臺南青火義代

第五章　刈水火的宮廟

第 六 章

請水的宮廟

　　臺南地區宮廟請水十分頻繁，請水地點大抵涵蓋八掌溪至二仁溪流域之間，其間還包括急水溪、將軍溪、曾文溪、鹽水溪等流域，由於涉及上中下游、溪南溪北不同形態的請水方式，若以臺南地區7條流域來個別分類，恐難以周全的論述各地的請水儀式，故筆者以同類型的請水區域為主，其位處的溪水流域為輔，將臺南地區的請水宮廟進行介紹。

▌ 第一節　八掌溪至急水溪流域

　　八掌溪[1]、急水溪流域之間的請水宮廟，主要集中於柳營、新營、鹽水、學甲等區域。此區請水的宮廟並不多，請水的時間以白天為主，除學

1　八掌溪中上游的白河、後壁以「刈水火」為主。

甲頂洲福安宮、學甲寮慈照宮每年固定請水外，其餘均屬不定期性請水。

柳營果毅後鎮西宮

　　果毅後鎮西宮主祀神農大帝，為果毅、神農、重溪、篤農、旭山、大農等6庄的信仰中心，今日廟貌係於1978年修建，[2]歲時以農曆4月26日神農大帝聖誕為慶典日。鎮西宮每逢聖誕當天下午固定出轎巡庄遶境，另不定期舉辦請水招軍儀式，曾前往六甲水流東九殿橋、七股潟湖、大崎烏山頭水庫吊橋、二股溝水漆林等地請水，[3]最近一次請水為2009年農曆4月24日於「神明生」前組團前往七股潟湖請水。據〈臺灣時報〉報導：

　　鎮西宮還有一項很特殊的請水儀式，請水的地點和時間不一，係由供奉的大王、二王、三王公降示行之。為何舉辦請水儀式？林文彬說，係信眾向神農聖帝祈拜和請回分身，會削弱神力，必須舉行「請水」儀式，透過招兵買馬，增加聖帝的神力。今年奉大王、二王、三王公降示前往七股潟湖辦請水，當天二頂神輿和民俗藝陣前往七股潟湖，在抵達後乩手起駕後搖動令旗，拿著陶甕走入淺灘裝滿海水後密封返回鎮西宮，再由二王公的乩手環抱陶甕在宋江陣的護衛下，把甕放在神農聖帝的座下。[4]

2　第5屆管委會誌，〈臺南市柳營區果毅後鎮西宮簡介〉（廟內紙本簡介，2013）。
3　周宗楊整理〈鄭吉宏訪問記錄〉，2018年6月9日。
4　李榮茂，〈果毅後鎮西宮請水助神威〉，《臺灣時報電子版》，2009/7/12。

■ 果毅後鎮西宮每年聖誕午後，固定舉辦巡庄遶境。

■ 南湖慈玄宮2015年前往庄頭西北爿請水。（旭山鄭吉宏提供）

鎮西宮在請水回宮安座後，多在神農大帝聖誕當天開啟水爐進行「放兵」儀式。當天於廟前搭設平臺擺上供桌，招軍旗綁於供桌桌腳，供桌上擺放水爐及糖果，乩童登上平臺後，打開覆蓋水爐的黃布，以手沾聖水灑向前方，象徵放兵，兩旁的委員也同時向臺下丟糖果；在灑水放兵數次後，乩童再將聖水倒入前方的大水桶內，此刻燒金鳴炮，同時將招軍旗火化。

柳營南湖慈玄宮

南湖位於果毅後東南側嘉南大圳圳東的小庄頭，庄廟為慈玄宮奉祀觀音佛祖、玄天上帝，今日廟貌為公厝形式係於1992年興建，歲時每逢農曆2月18日為觀音佛祖、玄天上帝合併祝壽，每3年前往六甲赤山巖進香，並前往果毅後、南投受天宮請佛回宮看熱鬧。慈玄宮曾於2015年4月6日舉辦該宮第一次請水招軍儀式，請水地點位於庄頭西北邊的水窟仔，當天一早先前往果毅後鎮西宮請神農大帝，後再前往庄頭西北爿請水地

點集結。慈玄宮聘請六甲陳昭興法師主持請水科儀，待時辰一到，果毅後神農三大帝及慈玄宮玄天上帝起乩後，法師隨即將陶甕交給乩童隨即步入水窟仔請水，再以紅布包覆爐口，然後返回南湖平安遶境。由於此次為慈玄宮第一次請水，故陶甕係向陳昭興法師借用，並於廟中存放一年後，廟方再將陶甕還給法師。[5]

柳營橋南太歲宮

太歲宮位於急水溪橋南側，主祀忠義太歲，沿革記載太歲宮原為急水溪畔的小廟，奉祀鄭氏時期的官兵，後於 1974 年將原廟拆除重建成福德小祠廟貌。1979 年有上天星君雲遊而來，進而成為廟內主神，廟名亦更為「太歲宮」，今日廟貌係於 2000 年重建竣工入火安座，歲時以農曆 8 月 18 日為慶典日。太歲宮自建廟迄今曾舉辦過 3 次請水，前兩次分別在 1974 年建廟初期及 2000 年新廟入火安座前舉行，最近一次為 2016 年 8 月 9 日前往赤山龍湖巖請水。太歲宮往年請水及祭祀均聘請柳營的法師主持，每次請水均會提前數天前往請水地點插招軍旗；2016 年廟方改聘請高雄阿蓮的楊順枝法師主持請水儀式，當天一早先前往赤山龍湖巖進香，後於廟內跋桮請示要在巖埤的何方請水，決定方位之後，法師即前往該水域插招軍旗，約於上午 10 點帶領爐主躍入巖埤以水桶請水，同時點燃「降真

5　周宗楊整理，〈田德興訪問記錄〉，2018 年 6 月 9 日，田德興，鄰長，曾任慈興宮主委。

爐」請火，回程再前往柳營代天院進香，並於入廟後將水爐請入廟內神房安置。[6]

柳營旭山山仔腳五王宮

　　山仔腳五王宮奉祀五年千歲、天上聖母、王母娘娘等神祇，係由柳營小腳腿庄遷至旭山，後於2002年建廟，今日廟貌係於2009年修建，歲時以農曆2月29日為宮慶日。五王宮曾於2017年3月24日舉辦祈安三獻醮典暨禮斗法會，該宮奉南北大總巡五年千歲吳千歲諭示，前往八掌溪口「刈水火」。廟方先於數日前前往八掌溪口插黑、黃二支招軍旗及五營營旗，並於「刈水火」當天，先前往南鯤鯓代天府進香，再前往八掌溪口請水、火。儀式延請臺中無極太子宮主持賴永富道長負責整個儀式，等到刈火的時辰一到，乩童徒手抓取案桌上淨爐的香火投入香擔內的淨爐內，藉此完成「刈火」的儀式；接著進行請水的儀式，由乩童帶領道長提著2只水桶走入海中，並在乩童

■ 五王宮乩童抓取香火入香擔內，藉此完成刈火。

■ 請水上岸後，乩童立於水桶前方小心護衛。

6　周宗楊整理，〈周炳輝訪談紀錄〉，2018年7月8日。

指定的地點以勺子舀水。請水畢，以黃色符布蓋在水桶上面，隨即拔起招軍旗準備返駕回宮「合爐」。柳營旭山山仔腳五王宮以「刈水火」及請水的方式來招軍買馬，顯見「刈水火」的儀式可能不止侷限在八掌溪中上游的後壁、白河等區。

新營竹圍仔竹安宮

　　竹安宮原名「小天堂萬聖堂」，創建於1982年，主祀萬聖尊王。據聞60年代有一隻彌猴屍體從山區隨大水流經竹圍仔余鴉次子余清条的屋後水溝擱淺，時由郭姓農人將猴屍葬於自家田頭，後因猴精已得到地理成神，採余家兒子崑龍為乩，於是余家為猴精雕刻金身立祠奉祀，由中營洪輔家法師取神名「萬聖尊王」，並取祠名「小天堂」，2015年由竹圍仔庄民共同募資興建歇山重簷廟貌，易廟名為「竹安宮」，歲時以農曆8月14日萬聖尊王聖誕及農曆2月27日齊天大聖聖誕為慶典日。[7]

　　竹安宮在入火安座的第3年（2017）奉萬聖尊王指示，於2017年農曆8月11日首次舉辦請水招軍儀式。先提前數日前往北門雙春海域豎立招軍旗；請水當日，依序前往新營太子宮、臺南開基玉皇宮、東嶽殿、萬福庵進香，回程再前往雙春永安宮參香，最後抵達雙春海域由紅頭法師請水。由於竹安宮為新營太子宮所轄祭祀圈，該日進香請火、招軍請水活動時，新營太子宮亦出轎全程參與。

7　許献平，《新營太子宮誌》（臺南：新營太子宮太子爺廟管委會，2012），頁334-336。

臺南請水儀式

■ 新營竹安宮於入火安座前，前往雙春仔招軍請水。

鹽水下林保生宮

　　保生宮主祀保生大帝，同祀韓府老爺、境主公、代天巡狩遊王公等神祇，今日廟貌係於1989興建。保生宮原奉祀保生三真人的孫思邈為大大帝，後又前往學甲慈濟宮分靈吳本為二大帝，歲時以農曆3月15日保生大帝聖帝為慶典日。保生宮早期每逢雕刻新神像時，必會舉行刈火、請水、關乩、過火等儀式，也因此請水儀並不常見。早期保生宮經常向學甲慈濟宮商借謝府元帥，透過謝府元帥下到陰間與鬼魂進行交涉，後因長年借用頗感不便，於是透過元帥爺交涉，前往鄰近的菁埔庄鋸了一棵榕樹來雕塑境主公金身，從此境主公肩負起陰間交涉的工作。由於境主公無祖廟刈火，故依神指示透過請水儀式，招募水兵水將為境主公所用。因此庄民在請水前3天先前往鐵線橋告知當地的主神，然後再到鄰近的急水溪二分岔支流匯集

■ 學甲頂洲福安宮每年進香返駕後,必至八掌溪畔請水。(陳惠堅拍攝)

■ 請水畢,由涼傘、虎爺乩身護送爐主走回福安宮。(陳惠堅拍攝)

處豎立紅色招軍旗,並於3天後由乩童帶領眾人涉入水中以瓷甕舀取溪水,同時拔下招軍旗帶回村中。[8]

學甲頂洲福安宮

　　福安宮主祀李府千歲,同祀天上聖母、廣澤尊王、邵府元帥等神祇。清領時期,頂洲建有廣澤宮奉祀廣澤尊王,廣澤宮後來毀於日治時期,戰後當地信眾於1952年集資於現址興建公厝「福安宮」,並於當年3月23日舉行入火安座大典,改奉祀李府千歲為主神,今日廟貌係於1999年所重修,[9]歲時以農曆3月23日入火安座為廟慶日。福安宮每年農曆3月23日廟慶日前,必組團前往南鯤鯓代天府、學甲慈濟宮進香過爐,回程再到福安宮廟後的八掌溪畔請水,由於年年舉行,故並未提前至請水地點插招軍旗,請水儀式均延聘紅頭法師主持,並由法師

8　林瑋嬪,〈臺灣漢人的神像:談神如何具象〉,《臺灣人類學刊》1:2(臺北:中研院民族學研究所,2003),頁119-133。

9　未署名,〈頂洲福安宮〉(廟內沿革碑誌,1968)。

帶領爐主請水，儀式結束後再遶境新芳、紅茄萣、頂洲地區，順便安營換竹符。頂洲與鄰庄紅茄萣每年農曆2月22日開始舉行「放紅腳笭」比賽，為本地之一大特色民俗。

學甲寮慈照宮

慈照宮位於學甲寮平東里活動中心內，創建於1971年，奉祀保生大帝、謝府元帥、虎爺等，歲時以農曆5月2日保生大帝飛昇為一年中最大的慶典。慈照宮為學甲13庄之一，故每逢學甲慈濟宮農曆3月11日舉辦「上白礁」祭典時，慈照宮必出轎參與盛會；由於慈照宮保生大帝原為學甲慈濟宮舊保生四大帝，故每次出轎參加「上白礁」或「學甲香」時，必迎請慈濟宮舊保生二、三、四、五大帝坐鎮神轎，其轎號必排在主帥轎保生二大帝前面供信眾「軁轎腳」。

每年農曆3月11日參加慈濟宮「上白礁」請水火香，神轎抵達頭前寮將軍溪畔時，慈照宮依例會在慈濟宮請水過後，由乩童帶領爐主先前往燒金處「請香」，再前往將軍溪請水。水

■ 學甲寮慈照宮乩童在燒金紙處「請香」。

■ 乩童和爐主涉入將軍溪，準備請水回宮。

爐在回宮之後，安座在神龕龍爿，待一年後打開水爐紅布，倒出沈澱一年水質清澈的聖水和自來水一起混合，再焚化保生大帝指派的符令於水中供信眾乞飲，然後又在農曆3月11日參加學甲慈濟宮上白礁祭典時，再次從頭前寮將軍溪請回新的聖水。

學甲頭港鎮安宮

鎮安宮創建於清道光年間，最早奉祀福德正神為主神，後來改奉祀李、池、吳三府千歲，今日南式廟貌係於1983年重建竣工，前殿主祀李、池、吳三府千歲，後殿慈雲寺奉祀觀音佛祖、玄天上帝等神祇，[10]歲時每逢主祀神聖誕均舉辦進香請

■ 玄天上帝轄有1營水軍，故每年神明聖誕前均至雙春仔請水。

10　吳三連，〈鎮安宮重修志略〉（廟內碑記，1983）。

火、演戲酬神活動。鎮安宮每逢農曆3月3日「上帝公生」，必組團前往六甲赤山龍湖巖、學甲慈濟宮、南鯤鯓代天府進香，回程再到雙春海邊請水招軍。玄天上帝原為西丬角的角頭神，由王、黃、吳等三姓所輪祀，後「落公」奉祀於後殿慈福寺龍丬，由於玄天上帝轄有6營兵馬，其中1營為水軍，[11]故每年的玄天上帝聖誕前，在進香過後會前往雙春海域請水招軍。請水儀式均延聘佳里興黃漢鋐法師主持，在清壇、請神、調營後，隨即採乩降駕、關四輦發輦，並於點兵之後帶領眾人步入海中請水，比較特別的是玄天上帝每年固定請2爐水，並於回宮後將水爐置於後殿的神案下方，再至西丬角安水軍旗。

■ 第二節　將軍溪流域

　　將軍溪在清領時期為古曾文溪主河道，舊名「漚汪溪」、「灣裡溪」，清道光3年（1823）曾文溪改道後，將軍溪即成為斷頭河，現今將軍溪屬「直轄市管區域排水」，正式名稱為「將軍溪排水」，其上游多為中小型的排水道，匯集嘉南大圳的分線水路，在下營、麻豆為麻豆大排，主流在佳里溪州始稱「將軍溪」。本區田調的範圍包含下營、麻豆西北隅、佳里興、學甲、將軍、北門等區，此地區請水活動相當頻繁，多在上午請水，有歲時性請水，也有定期性或不定期的請水。

11　周宗楊整理，〈翁順利訪問記錄〉，2018年4月15日。翁順利，頭港人，鎮安宮主持。

下營宅仔內曾姓三省堂

　　宅仔內係主祀觀音三佛祖及歷代曾姓先祖牌位，後於2009年由宗親發起重建宗廟，於2013年竣工安座，[12]歲時以農曆2月19日觀音三佛祖聖誕為慶典日。三省堂於2017年「佛祖生」前奉三佛祖諭示首次舉辦請水儀式，擇於農曆2月15日組團前往烏山頭水庫請水招軍。當天上午下營6姓角頭友宮一同出轎，香陣先前往下營上帝廟參拜，約上午10點抵達烏山頭水庫，由於係屬招軍性質，廟方已先於農曆2月6日前往水庫邊豎立黑色招軍旗。請水儀式延聘官田二鎮尹鴻林法師主持，約於午時11點，乩童指示2位爐主涉入水庫請2跤聖水上岸。請水畢，再前往六甲赤山龍湖巖進香，下午回下營遶境，晚上入廟安座後，再將2跤水爐迎入神房內安置，並於「佛祖生」當天下午賞兵，目前聖水已蒸發，廟方已將水爐取出神房。

■ 下營曾姓三省堂於烏山頭水庫招軍請水，可同時欣賞湖光山色美景。

■ 爐主步入水中請水，但見乩童立於岸邊贊聲喝好。

12　未署名，〈下營曾氏三省堂沿革〉（廟內碑記，2013）。

中營慶福宮

　　中營慶福宮創建於鄭氏時期（1662-1683），主祀哪吒三太子中壇元帥，係由鄭氏參軍馮仕通，自福建漳州府蔗尾林社第8都迎請來臺供奉，今日廟貌係於1972年興建，[13] 歲時以農曆9月9日中壇元帥聖誕為慶典日，早期每逢廟慶日，必於廟前舉辦過火儀式，藉此祛邪除穢。[14] 慶福宮曾於1964年及1973年舉辦2次請水招軍儀式，地點位於官田渡仔頭雙溪口，由於此地為水流匯集湍急之處，早期也有乩童落水及宋江旗失落的事件發生。慶福宮2次的請水共招募到13尊神祇，廟方於1973年雕塑金身供奉，包含醫生吳院長、郭國川、郭阿娥、蘇真

■ 慶福宮的宋江爺及雷公將係早期請水上來的神明。

13　李世寶，《中營慶福宮沿革誌》（臺南：慶福宮管委會，2016），頁11。

14　李世寶，《中營慶福宮沿革誌》，頁5-8。

醫，以及趙將軍、林軍師、林將軍、雷公將等將軍，其他還有不同時期的周真醫、周二醫將、周三醫將、周四醫將及宋江爺等，均是透過請水上來修成金身的神祇。

茅港尾天后宮

　　茅港尾天后宮主祀天上聖母，草創於明永曆33年（1679），今日廟貌係於1975年重建，[15] 歲時以農曆3月23日天上聖母聖誕為慶典日。早期天后宮曾於1966年及1974年舉辦過請水招軍的儀式，此後便未再舉行。1966年3月，「茅港媽」指示要前往土城仔國姓橋下收服2隻金獅靈獸，當時發動500餘人，大小卡車20餘部前往國姓橋下請水，最後「茅港媽」順利收服2隻金獅靈獸，並封為「金獅將軍」，於宮內恭塑銅雕金獅一對永鎮茅港尾天后宮。1974年農曆3月8日，當地紅頭法師洪輔家為媽祖發起「關青龍」採新乩儀式，順利取得頭籤後，於3月22日凌晨組團前往大內好兄弟潭請水，請得軍師李文成、周虎、吳三娘等3位神祇，今奉祀於宮內四點金內的神案上，此後並未再舉行過請水儀式。[16]

麻豆海埔池王府

　　海埔池王府主祀池府千歲，同祀李、吳、朱、范府千歲，今日廟貌係於1988年興建，歲時以農曆6月18日為慶典日。

15　陳仁德，《臺灣省臺南縣市寺廟大觀》，頁248-249。
16　未署名，〈茅港尾天后宮沿革簡介〉（簡介摺頁）。周宗楊整理，〈馮智賢訪談記錄〉，2018年5月12日，馮智賢，茅港尾天后宮總務。

■ 海埔池王府往蘆竹溝請水，廟方多以「上馬巷」請水謁祖對外宣傳。

池府千歲係分香於福建泉州同安馬巷元威殿，建廟初期因「遇祭典日期，卻無處乞火或謁祖，欲尋根，除非去大陸探究，別無他處。在不得不之下，只有遵池王爺指示，排駕海口前寮大道公埔謁祖請水以酬神恩」，[17]故從1984年起，於每年農曆6月18日「池王生」前，組團前往學甲頭前寮將軍溪畔請水，俗稱「上馬巷」請水謁祖。早期海埔池王府年年請水，後來才改成3年1科（寅、巳、申、亥），請水地點也由昔日學甲頭前寮將軍溪畔改至北門蘆竹溝。早期海埔池王府的「上馬巷」請水，並未豎立招軍旗或水牌，故具有飲水思源的象徵意義，但每回請水必於蘆竹溝水域搬請水兵水將回宮，再擇日進行安營換竹符的儀式；2016年7月14日請水活動改聘學甲李怡叡法師，該年也奉神指示事先前往北門蘆竹溝插水牌及招軍榜文。

麻豆謝榜寮謝正宮

　　謝榜寮謝正宮主祀謝府千歲，同祀觀音佛祖、中壇元帥等

17　黃文博，《南瀛民俗誌上卷》（臺南：縣立文化中心，1989），頁121。

■ 謝正宮3年1科往蘆竹溝請水,並於回程安排安營煮油的行程。

神祇,謝府千歲即東晉謝石,觀音佛祖係清光緒初年分靈自營頂佳福寺,今日廟貌係於1993年興建,[18]歲時以9月19日觀音佛祖聖誕為慶典日。謝正宮每逢子、卯、午、酉年的農曆9月19日「佛祖生」前擇日舉行進香、請水儀式,並於該年的農曆10月15日「謝公願」。謝榜寮3年一科的請水地點以雙春海域及蘆竹溝漁港為主,會提前數日前往水域插招軍旗。進香請水當天,先前往營頂佳福寺、佳里興震興宮及海埔池王府,然後再輪流前往南鯤鯓代天府或麻豆代天府進香,並於午後前往蘆竹溝請水。最近一次請水為2017年農曆9月16日,該年上午先前往營頂佳福寺、佳里興震興宮、海埔池王府、南鯤鯓代天府進香,午後乘車前往蘆竹溝漁港請水。請水畢,香陣返回麻豆沿途遶境莊禮寮信安宮、福安宮,同時煮油進行安營釘竹符的儀式。

---

18 詹評仁,〈謝榜寮謝正宮興建碑記〉(廟內碑記,1994)。

麻豆蔥仔寮震安宮

　　蔥仔寮震安宮主祀李府千歲，係由麻豆代天府分靈，今日公厝廟貌係於1977年興建，歲時以農曆4月26日李府千歲聖誕為慶典日。震安宮早期曾前往磚井里附近的曾文溪畔請水，最近一次為2017年農曆9月23日，該年係由莊禮寮信安宮李府千歲降駕告知蔥仔寮庄民，並於農曆9月16日上午前往北門蘆竹溝漁港插招軍旗。請水當天，上午先組團前往麻豆代天府進香請火，約於9點半抵達北門蘆竹溝，依序參拜西天宮、玄龍宮、賢元帥廟，然後由紅頭法師進行請水相關科儀，約於午時1點完成請水儀式。回程先由專人護送火爐、水爐回宮安置，香陣則沿途參拜佳里興保興宮、震興宮、營頂佳福寺、謝榜寮謝正宮、莊禮寮天后宮、福安宮、信安宮等友宮，然後回庄遶境。翌日中午12點半全庄煮油、釘竹符，並由庄民準備供品賞兵。

■　蔥仔寮震安宮2017年請水，係由莊禮寮信安宮李府千歲降駕指示。

麻豆大山腳大山宮

　　大山宮奉祀李府千歲、中壇元帥，今日中山堂公厝形式係於1969年興建，歲時以農曆4月26日李府千歲聖誕為一年中最大慶典。大山宮曾於2011年農曆8月13日前往北門蘆竹溝請水，藉此遙拜祭祖、謁水請將，同時迎回李府三千歲神駕返回大山宮。大山宮在迎回李府三千歲神靈後，廟方即於2013年雕刻金身供奉，其後李府三千歲曾降駕自述其前世為唐朝名將張巡之孫張雄，草店尾角萬福宮張元真君為其祖父，故2015年麻豆代天府乙未香科遶境時，大山宮神轎抵達萬福宮參拜時，李府三千歲當時借中壇元帥乩身來向張元真君參謁。[19]

學甲慈濟宮

　　學甲慈濟宮主祀保生大帝，係鄭氏時期由李姓人家迎請泉州同安白礁鄉慈濟宮保生二大帝、謝府元帥、中壇元帥等神尊隨鄭成功渡海來臺，於頭前寮將軍溪畔登陸，初時共議在學甲李姓聚落的下社角，搭建草寮奉祀保生二大帝等神像，後來移祀到現址建廟，歲時以農曆3月15日為一年中最大的慶典，慶祝活動包含農曆3月11日「上白礁」請水祭典，農曆3月14日下午5點安營換竹符，晚上請神尊過火；農曆3月15日保生大帝聖誕，延戲酬神、祭拜祝壽；農曆3月16日下午犒賞五營兵將，晚上「食平安宴」。

　　每年慈濟宮「上白礁」祭典當天，上午7點先於廟內舉行

19　參見〈麻豆大山宮南天按察使李府大千歲〉（官方臉書，2018年4月25日文章）。

■ 學甲慈濟宮白礁亭內舉行「上白礁」
　祭典。

■ 每年「上白礁」請水，將軍溪畔總擠
　滿了人群。

「恭拜學甲慈濟宮保生大帝典禮」，紅頭法師依序請神「上馬」，並將聖爐交給爐主後，香陣陸續往中洲前進，沿途參拜大小廟宇。約於午後抵達頭前寮將軍溪畔的白礁亭，先迎入保生二大帝於白礁亭內安座，隨即展開「上白礁」儀式。第一階段先舉行「祭拜中華民族列祖列宗典禮」，望燎之後，再進行「遙拜大陸白礁慈濟宮祖廟典禮」；在敬獻禮後，眾人向西面向白礁慈濟宮祖廟方向行三跪九叩首禮，最後焚呈表文。接下來分別由道長進行「獻疏文」、法師進行請水、火、香的儀式，此刻負責把守學甲水頭地理的新寮普濟宮神轎，都會先下水為保生大帝開水門。每年請水的時間約於下午5點進行，在這之前也有許多來自高雄的分靈廟，相繼在乩童帶領下涉入將軍溪請水，蔚為奇觀。

學甲大灣清濟宮

　　清濟宮主祀禹帝（水官大帝），同祀保生大帝、觀音佛祖等神祇。禹帝舊稱「吳府千歲」，係先民由安徽當塗禹廟迎奉來臺奉祀，保生大帝係由先民自福建泉州同安白礁迎請來臺，

後於清光緒4年（1878）創建廟宇，今日廟貌係於1987年重建入火安座，[20]歲時以農曆3月初5日「禹王生」、3月15日「大道公生」及10月15日「下元」為例祭日。早期每逢慈濟宮「上白礁」祭典，清濟宮在頭前寮將軍溪畔與慈濟宮具有平起平坐的地位。[21]但在1983年學甲慈濟宮在頭前寮將軍溪畔蓋了白礁亭後，慈濟宮以白礁亭內部狹窄為由，婉拒大灣清濟宮在內的所有神像入內，兩廟因此而生嫌隙，最後大灣清濟宮在1986年參加完上白礁後，便退出學甲慈濟宮上白礁的行列。[22]

清濟宮後於1990年3月4日前往蘆竹溝北門港舉行「請水火」尋根謁祖祭典，1992年再於蘆竹溝立碑為誌。現今每4年舉行蘆竹溝請水火尋根謁祖祭典活動，日子固定在開基禹帝農曆3月4日聖誕前夕，上午香陣徒步前往蘆竹溝，廟方先將各神轎的神像，恭請到臨時搭設的帳棚內，儀式在11點半正式

■ 大灣清濟宮於蘆竹溝漁港舉辦尋根謁祖祭典，儀式莊嚴隆重。

■ 爐主持錫製酒杯請水，並由工作人員攙扶上岸。

20 吳登神，〈清濟宮碑記〉（廟內碑記，1987）。
21 魏淑貞，《臺灣廟宇文化大系（五）保生大帝卷》（臺北：自立晚報，1994），頁30。
22 黃文博，《站在台灣廟會現場》（台北：常民文化，1998），頁87-90。

臺南請水儀式

開始。第一階段主要以恭拜水官大帝開基禹王、白礁開基祖保生大帝暨參與宮廟列位神像的祭典為主，第二階段進行請水、火、香儀式，當天下午回庄遶境，同時安營換竹符。

學甲中洲慈福宮

慈福宮位於東頭角，俗稱「姓邱廟」，主祀李府千歲，同祀文衡聖帝、吳府千歲、觀音佛祖等神祇，今日廟貌係於1980年興建，歲時以農曆4月26日李府千歲聖誕為慶典日。慈福宮每年固定於農曆4月25日「大王生」前夕舉辦進香、請水、遶境、安營的活動。當天上午組團前往南鯤鯓代天府、漚汪文衡殿、學甲慈濟宮進香請火，並於午後前往昔日邱姓先祖登陸地頭前寮白礁亭的將軍溪畔請水。每年抵達頭前寮白礁亭的時間約在下午1點半左右，眾人先將本廟及祖廟神尊迎請入白礁亭內安座，隨即由法師主持相關儀式，依序帶領眾人向亭內列位神尊上香，再到將軍溪畔向西遙祭福建列祖列宗，同時祈請水兵水將前來「投軍食糧」。等到時辰將近，廟方開始關文衡帝君四輦發輦，隨即帶領爐主涉入將軍溪請水，回駕後云庄遶

■ 慈福宮每年請水過後必重新安外營竹符，故法師會將竹符置於將軍溪畔。

■ 慈福宮由乩童帶領爐主步入將軍溪請水。

境、煮油淨穢、安營換竹符。在地陣頭中洲第一團高蹺陣每年均參加慈福宮的進香請水遶境活動，也是慈福宮請水活動的特色之一。

學甲中草坔中隆宮

中隆宮主祀溫府千歲，配祀陳將軍、虎爺等神祇。溫府千歲係由鄭氏軍民自福建渡臺時，隨身迎奉的守護神祇，初時奉祀於學甲中洲過港仔一帶，後遷居中草坔，每年以爐主制輪祀，今日廟貌係於2018年興建，[23] 歲時以農曆11月1日溫府千歲聖誕為慶典日。中隆宮溫府千歲於2007年授封為「代天巡狩」後，曾於2010年農曆10月28日組團前往南鯤鯓代天府進香，當晚由代天府吳府千歲帶領溫府千歲進行「上天轉地」的儀式，向天曹、地府請領「天旨」、「地令」。儀式先由三壇法師念咒行路關，信眾則在殿外燒金獻錢買路過，先前往天庭向玉帝請領「天旨」，並由爐主跋桮以連3聖桮為準，後再前往地

■ 中草坔中隆宮歷次請水的地點，以白礁亭將軍溪畔為主。

---

23 參見〈學甲中草坔代天巡狩溫府千歲大事記〉（中草坔代天溫王部落格，2009年12月29日文章）。

府請領「地令」，待「地令」請領完畢，再前往頭前寮將軍溪畔白礁亭請水招軍。2012年農曆12月28日中隆宮上午再次組團前往南鯤鯓代天府進香，並於上午10點抵達白礁亭請水，回程再前往慈濟宮進香過爐；最近一次於2018年農曆10月28日新廟入火安座當天，再次前往白礁亭將軍溪畔請水。

佳里溪州永興宮

永興宮主祀三官大帝，係早期先民自浙江杭州三官大帝廟迎奉香爐來臺奉祀，初時以爐主制輪祀，今日廟貌係於1991年重建，[24] 歲時以農曆10月15日水官大帝聖誕為慶典日。永興宮每逢寅、巳、申、亥年農曆10月15日水官大帝聖誕前，循

■ 永興宮早期在將軍溪畔請水，現今請水地點已改至蘆竹溝漁港。

24　林裕章，〈溪州三官大帝永興宮沿革〉（廟內碑記，1992）。

例前往南鯤鯓代天府進香、蘆竹溝漁港遙祭暨請水的活動，屬於「遙祭型」的請水。早期固定於農曆10月15日前往溪洲往漚汪北勢寮大排附近的將軍溪畔請水，後來因為將軍溪污染日益嚴重，約於2001年左右改至北門蘆竹溝請水，最近一次請水為2016年11月12日。請水當天上午先前往南鯤鯓代天府進香，回程再到蘆竹溝遙祭祖廟及列祖列宗，最後再進行請水、火、香的儀式。返回溪洲後，進行祈安遶境與安營儀式，晚上謝公願，大演梨園酬謝神恩，翌日再進行水官大帝聖誕慶祝活動。

佳里營頂佳福寺

佳福寺主祀觀音佛祖（又稱「開山三媽」），清康熙50年（1711）鄉賢吳濟川倡議鳩資建廟，今日廟貌係於1982年重

■ 營頂佳福寺每科請水總是全庄出動，十分熱鬧。

臺南請水儀式

建,[25] 歲時以農曆2月19日為慶典日。佳福寺原則上每4年請水招軍,2011年欣逢建寺300週年廟慶,正逢4年1科的請水科年,於當年農曆9月19日舉行請水大典,據聞當時已有8年未舉行請水儀式;2013年農曆10月17日至10月22日舉辦五朝祈安清醮,復又於農曆10月14日請水,最近一次請水於2017年農曆1月15日元宵節當天舉行。佳福寺歷次請水的地點固定在北門蘆竹溝漁港,請水前幾天會先安招軍旗、插水牌。請水當天上午,廟方聯合轄下的三房、三房二、五房、六房、尾房、頂蘇角、什姓角、南蘇角的庄民一同乘車前往,相當熱鬧。每科請水的時辰約於午時12點左右,回駕後先到營頂入口臺19線市道旁安營換竹符,然後沿途遶境後壁曾、佳里興震興宮、營頂等地。

佳里興震興宮

震興宮主祀清水祖師、雷府大將、李府千歲,清雍正元年

■ 虎爺乩童帶領爐主涉入蘆竹溝請水。

■ 請水過後,接著進行「請火」、「請香」的儀式。

---

25 未署名,〈營頂佳福寺沿革誌〉(廟內碑記,1983)。

（1723）創建清水宮，今日廟貌係於2002年整修，歲時以農曆6月26日清水祖師聖誕為慶典日。震興宮固定3年1科請水，時間為3位主神的聖誕日輪流舉行，分別是清水祖師農曆6月26日、雷府大將農曆3月16日、李府千歲農曆4月26日。早期震興宮曾到北門雙春海水浴場請水，後因雙春海水浴場為沙質地形，「跤（kha）路」不好，地點才改至北門蘆竹溝漁港。儀式固定由在地的黃漢銘法師父子負責，多提前數日至蘆竹溝插招軍旗，當天除了請水，也會「請火」與「請香」。此外，若遇有重大慶典，也會臨時舉辦請水招軍，如2003年11月26日至12月1日舉行癸未科護國祈安五朝清醮祭典，即於2003年11月22日前往北門蘆竹溝請水；2009年1月6日舉行戊子年鎮殿神尊重光陞座暨護國祐民賜福遶境活動，即於1月9日前往蘆竹溝請水；2011年7月22日慶祝清水祖師聖誕，亦組團前往蘆竹溝請水；2018年4月11日迎請清水祖師前往中國福建安溪清水巖謁祖，並於當地廟前巖碑恭請聖水。

佳里興潭仔墘保興宮

保興宮主祀保生大帝，今日廟貌係於2002年興建，[26]歲時以農曆3月15日保生大帝聖誕為慶典日。保興宮固定3年1科（子、卯、午、酉）前往頂大道興濟宮進香，回程再前往雙春海域請水。保興宮並非興濟宮的分靈廟，早期每逢神明聖誕，庄人便請示神明要去何處進香，後來以學甲慈濟宮和頂大道興

---

26 未署名，〈保興宮重建沿革誌〉（廟內沿革碑記，2002）。

臺南請水儀式

濟宮向神明跋桮請示，最後由興濟宮雀屏中選。保興宮3年1
科請水招軍儀式，時間多選在農曆3月15日「大道公生」前的
週休假日，請水地點往年以北門雙春海水域場為主，但2017
年已改至北門蘆竹溝漁港。請水前幾天會先前往蘆竹溝漁港插
招軍旗，請水當天早上，先前往頂大道興濟宮進香，回駕後先
「合爐」、食點心，大約中午11時再出發前往北門蘆竹溝請水，
回駕後先安水爐於神房底下的洞府，然後煮油、安營換竹符、
云庄遶境，翌日再進行犒軍儀式。

佳里興蘇厝寮寶興宮

　　蘇厝寮寶興宮主祀保生大帝，係入臺祖蘇媽挑迎奉來臺的
守護神祇，早期建有公厝奉祀，今日廟貌係於1985年重建，[27]

27　未署名，〈寶興宮落成碑記〉（廟內沿革碑記，1985）。

■ 蘇厝寮寶興宮請水的地點位於蘇厝寮溪，昔日為先祖迎奉保生大帝上岸的地點。

歲時每逢農曆10月擇假日舉行「謝公願」祭典，為一年中最大的慶典，每4年（子、辰、申）前往南鯤鯓代天府、學甲慈濟宮進香，回程沿途參拜營頂佳福寺、佳里興震興宮，再前往庄廟西南邊將軍溪支流蘇厝寮溪請水，然後回庄安營、煮油淨宅，晚上舉行「謝公願」祭典。請水地點蘇厝寮溪畔為昔日先民迎奉保生大帝登陸的地點，在這裡請水極具飲水思源的意義。昔日蘇厝寮溪水質十分清澈，如今溪水污染嚴重，時有工業廢水排入，故廟方於2016年請水地點已改至學甲頭前寮將軍溪畔。

佳里興東一甲東池宮

　　東池宮主祀池府千歲，係士紳邱石榮先生祖父李清風用麵線向一唐山商人換得，1986年由信眾組織池府千歲管委會籌建廟宇，今日廟貌係於1988年興建，歲時以農曆6月18日池府千歲聖誕為慶典日。東池宮固定3年一科（子、卯、午、酉）舉辦進香、請水、遶境活動，時間多選在「池王生」前的週休假日。每逢進香請水科年，上午先前往臺南開基玉皇宮、

臺南請水儀式

■ 東池宮早期前往雙春海域請水，2016年改往南鯤鯓代天府廟後龍泉井請水。

民權路東嶽殿、南鯤鯓代天府進香請火，中午於南鯤鯓代天府用餐，午後再前往雙春海水域場請水，回程先到大廟震興宮參香，再返回庄內遶境。據說早期亦曾在南鯤鯓代天府廟後的龍泉井請水，2016年又逢進香請水科年，東池宮於7月8日（農曆6月15日）「池王生」前，中午抵達南鯤鯓代天府進香請火，並奉池府千歲指示於午後抬著神轎前往廟後龍泉井前請水，返廟後再將水爐置於神房。

佳里子良廟永昌宮

　　子良廟永昌宮主祀趙聖帝君，創建於清康熙30年（1691），今日巍峨廟貌係1995年重建，歲時以農曆2月16日趙聖帝君聖誕為慶典日。永昌宮3年1科（丑、辰、未、戌）舉行請水、煮油、遶境活動，請水儀式約始於1951年左右，早年為不定

■ 永昌宮每科請水，3支涼傘必跟著爐　　■ 請水結束，水牌也在乩童指示下拔起
　主步入水中。　　　　　　　　　　　　　迎請上岸。

期舉行的儀式，約於農曆2月16日聖誕前舉行，上午前往鄰近溪流請水，下午回庄煮油遶境，後來才改成每隔3年舉行1次，[28]請水的地點多以曾文溪北畔為主，如2009年在西港檨仔林段，2012年在西港下面厝段，2015年在七股永吉段國姓橋下，2018年在西港檨仔林段。永昌宮的請水儀式係以招兵買馬為主，多提前3週前往請水地點插水牌、招軍旗及榜文，每科請水固定恭請3爐水，請完水後先由宋江陣護送水爐回宮安座，由執事人員將水爐請入神龕置於3尊鎮殿神尊後面，意即水兵水將還要再經主神調教訓練之後，才會派駐到五營中或應付分靈廟回祖廟過爐領兵，水爐放置3年後才會取出迎入新的水爐，至於水牌亦放置3年，有時繼續使用，有時化掉換新，全憑神明諭示。

28　黃文博主持，《臺南縣民俗及有關文物調查報告書》（臺南：臺南縣政府，2007），頁c1-21。

佳里北頭洋慶長宮

慶長宮主祀觀音佛祖，係周姓先祖早年自原鄉渡海來臺開墾時，隨身奉請來臺的保護神祇，後來落公成為公佛，庄人多以「佛祖媽」稱呼，今日廟貌係於1961年興建，歲時以農曆2月19日觀音佛祖聖誕為慶典日。[29] 慶長宮另奉觀音佛祖指示請水，其科期每隔3年1次，每次連續舉行3年，然後再停辦3年，時間固定於農曆2月19日「佛祖生」前舉行，地點位於七股山仔寮龍山宮附近的山仔寮溪，此地即是昔日周姓先祖迎奉觀音佛祖登陸上岸之處，也因此觀音佛祖選在這裡請水，也帶有飲水思源的象徵意義。每回請水當天上午，廟方聯合友宮神

■ 慶長宮往七股山仔寮溪請水，也帶有飲水思源的象徵意義。

29 參閱〈臺灣大百科全書〉網站，網址 http://taiwanpedia.culture.tw/web/content?ID=20448。

轎乘車前往七股山仔寮下車，隊伍先參拜當地庄廟龍山宮，稍事休息過後再前往山仔寮溪；儀式主要聘請佳里的魏景雲法師主持，在法師結束法事後，乩童率先跳入山仔寮溪中巡視，然後爐主拿著陶缽步入山仔寮溪中請水，隨後上岸由法師張貼封符，再以紅布包覆放入神轎中，回駕後法師再將水爐置於神龕內安置。

佳里潭墘護國宮

潭墘護國宮主祀觀音佛祖，係由佳里金唐殿所分靈，今日廟貌係於新廟於1983年興建，廟內正殿上方的八卦藻井內有28尊香柴雕刻的廿八星君金身鎮守，成為護國宮之一大特色，歲時每逢農曆2月19日觀音佛祖聖誕為慶典日。護國宮曾於2010年起連續3年奉觀音佛祖指示，前往將軍青鯤鯓漁港西側鎮海將軍廟前出海口請水招軍。每科請水均提前7日前往青鯤鯓插招軍旗，並於請水前一天先前往臺南玉皇宮、玉井福德爺廟、金唐殿進香，翌日再前往青鯤鯓請水，必先參拜鎮海將軍

■ 護國宮曾於2010年起連續3年往青鯤鯓出海口請水。

■ 護國宮於2010年重組失傳已久的龍鳳獅陣。

廟，然後再至鎮海將軍廟前方出海口請水，待拔下招軍旗，再
恭請水爐回宮安置於神龕內虎爿。護國宮在 2010 首次請水前，
曾將失傳已久的龍鳳獅陣重組起來，成為該科請水的最大特色。

將軍巷口李聖宮

　　李聖宮主祀李府千歲，係清乾隆年間由先祖陳綿自福建泉
州同安集美鎮下店新墟迎奉李府千歲、西方佛祖渡海來臺，輾
轉定居林投巷入口處，逐漸集結成巷口庄，陳綿育有 7 子 2 女，
形成巷口著名的 7 大柱；而李府千歲、西方佛祖也在巷口 7 大
柱中輪祀，後來有派下弟子遷居臺東，西方佛祖跟著被迎奉臺
東，僅留下李府千歲於庄中輪祀，今日二層樓式巍峨廟貌係
2005 年興建，歲時以農曆 4 月 26 日李府千歲聖誕為慶典日，多
提前至假日舉行。[30]

　　李聖宮每年「李王生」前的假日，上午固定組團步行前往
昔日先祖登岸的將軍溪南畔請水，除了遙拜列祖列宗外，李府
千歲也藉著請水招募水兵水將回宮。請水祭典延請紅頭法師主
持，現場也準備了相當多的點心、水果、飲料供庄民享用，宛
如戶外野餐一般。早期多由乩童躍入水中請水，現今改由爐主
奉請陶缽於岸邊請水；由於李府千歲來自福建泉州，故法師會
先在一旁請人起烘爐火，並在請水上岸後，依序將烘爐及水爐
置入香擔內完成請水、火儀式。

30　李榮茂，〈南市將軍區李聖宮李府千歲為民解惑香火盛〉，《臺灣時報電子報》，
　　2016/5/16。

■ 巷口李聖宮每年請水，必準備點心供　　　■ 老乩童年邁90高齡，仍涉入將軍溪
　庄民享用。　　　　　　　　　　　　　　請水。

將軍漚汪檳榔林昌安宮

　　昌安宮為漚汪檳榔林的信仰中心，主祀城隍境主，同祀東嶽大帝、二元帥等神祇。境主公係昔日庄民在口寮近海處捕魚時拾獲境主公金身，戰後初建簡式廟宇，今日公厝形式廟貌係於1963年興建，2018年拆除公厝籌建新廟中，歲時以農曆5月11日城隍境主聖誕為慶典日，固定前往將軍下口寮西邊的魚塭一帶請水，當地人稱「海坪仔請水」。每年農曆5月11日城隍境主聖誕當天，昌安宮上午固定組團前往漚汪大廟文衡殿進香過爐，同時恭請文衡聖帝隨駕回宮，眾人在公厝前享用點心過後，約於午時11點才又乘車前往下口寮海坪仔魚塭請水，此地昔日為倒風內海的海口之地，現今多闢為一口一口的魚塭。請水儀式固定延聘佳里的黃茂霖法師主持，在清壇、請神、調營後，隨即關神明降駕，由境主公的輦仔手接過陶缽前往魚塭請水。請水完畢，沿途行經下口寮聚落、角帶圍興安宮參香，最後抵達昌安宮安座水爐，稍事休息後，下午繼續進行安營換竹符的行程。

■ 昌安宮每年請水的
地點位於口寮的魚
塭,昔日為境主公
的撿拾地點。

將軍角帶圍興安宮

興安宮主祀觀音佛祖,同祀九天玄女、楊府元帥、阿立祖。
觀音佛祖與九天玄女係王姓先祖由福建泉州府同安縣馬鑾堡第
16都後美社迎奉來臺;楊府元帥係七股後港東人楊烈,生於清
乾隆34年(1769),死後得到地理歸入神道入祀興安宮,今日
廟貌係於1995年興建,歲時每逢民國偶數年農曆2月19日觀
音佛祖聖誕,必往六甲赤山巖進香;逢奇數年農曆6月20日楊
府元帥聖誕,則固定前往楊府元帥祖居地後港東天后宮東側田
裡的古井請水。

相傳楊府元帥其父親楊啟為後港東的大富翁,在當地坐擁
三落百二門的華宅與擁有4口井的大花園,後來楊家遭逢海盜
搶劫,「家人倉促間用畚箕將金銀珠寶往花園的井中傾倒,海
盜殺害了楊家大小,僅有一名女婢從後門逃出。」[31] 每回興安宮

---

31 許献平,《後港庄記實》(臺南:鹽鄉文史工作室,2000),頁125。

■ 興安宮逢民國奇數年前往楊府元帥古宅舊址請水，令人發思古之幽情。

前往後港東請水的古井，即是當年遇劫倉促之間用畚箕將金銀珠寶倒入的那口井，此井也在1996年時由地主鄭金鍊、鄭良政父子提供土地讓廟方砌了一座紀念平臺，並在平臺上的大理石銘刻「興安宮楊府元帥」紀念。興安宮早期年年舉辦請水，現今逢民國奇數年才有舉行。請水當天，廟方組團前往後港東天后宮旁下車，眾人將楊府元帥神轎抬至古井前面，隨後由黃茂霖法師進行相關法事，等到吉時一到，楊府元帥降手轎調營點兵之後，隨即接過水桶來到楊府元帥井打水。請水完畢，神轎與陣頭來到後港東天后宮參拜，然後車隊繼續前往漚汪文衡殿進香，回庄後再安營釘竹符。

將軍金興宮

金興宮主祀保生大帝吳本，清光緒15年（1889）始建廟奉祀，今日巍峨廟貌為2001年興建，歲時以農曆3月15日保生大帝聖誕為慶典日，必提前至週日徒步前往將軍溪畔的白礁亭舉行「上白礁」請水祭典。金興宮早期每逢農曆3月15日保生大帝聖誕的前一天，庄民必抬著保生大帝神轎徒步前往將軍溪

■ 金興宮「上白礁」請水年年舉行，屬小而美的地方廟會。

南畔請水，1989年金興宮在將軍溪橋西側興建白礁亭，每年的請水儀式才成為名副其實的「上白礁」。金興宮每年固定於農曆3月15日前的週日請水，分靈廟臺北北興宮與高雄南興宮亦會組團前來參與祖廟的盛會。2014年廟方有別於以往只是單純的請水，加入了「祭拜中華民族列祖列宗典禮」，典禮結束之後，再由紅頭法師與爐主進行請水法事，然後回庄云庄遶境，並於農曆3月15日聖誕當天上午於宮內舉行「恭拜保生大帝聖誕祝壽典禮」。

將軍下山仔腳玉天宮

玉天宮主祀玉天大帝，後於日明治34年（1901）始建公厝，今日廟貌為1979年所建，[32] 歲時以農曆11月12日玉天大帝聖誕

---

32 陳先風，〈玉天大帝與玉天宮沿革誌〉（廟內碑記，1979）。

■ 玉天宮的請水儀式，多由主委吳響峻　　■ 請水翌日過火儀式，全庄男丁赤腳參
　負責請水。　　　　　　　　　　　　　　與。

為慶典日，每逢子、卯、午、酉年的聖誕舉行遙祭祖廟、請水、
遶境、踏火儀式。玉天宮遙祭祖廟暨請水的地點，位於庄北頂
山仔腳廣安宮廟後的將軍溪河口溼地，由於河口溼地遍地泥
濘，所以每逢舉行請水祭典時，所有參與的工作人員必需脫下
鞋子，抬著神轎步行前往，再以保麗龍墊在神轎底下，其他陣
頭則於岸上等待。儀式固定延聘佳里興黃漢鋐法師主持，先率
領廟方委員遙祭祖廟，接著進行法事，待乩童起乩後，依序調
營點兵，再將陶甕交給主委吳響峻步行前往將軍溪請水，回程
安「水爐」之後再於午後巡庄遶境，晚上謝神拜天公，隔日再
進行造橋過限及請神尊過火的儀式。

將軍馬沙溝聖流堂

　　聖流堂位於馬沙溝舊漁港西側，主祀水聖公、水流姑，原
為早期渡海來臺不幸翻覆的先民，後得李聖宮眾神祇渡化成
神，今日廟貌係於1993年興建，[33]歲時以農曆8月20日水聖公、

33　陳榮昆，〈聖流堂沿革誌〉（廟內碑記，1993）。

■ 聖流堂每年固定前往馬沙溝請水，眾　■ 聖流堂請水多以黑傘遮掩。
　多庄民一同參與。

水流姑聖誕為慶典日。聖流堂每年於農曆8月19日上午，組團前往馬沙溝海水浴場請水，藉此招募水兵水將回堂效力，由於年年舉行，並不需要事先前來立招軍旗，又因水聖公、水流姑時常庇佑庄民漁獲豐收，因此每年請水祭典經常有大批庄民陪同前往。

　　聖流堂每年固定請2跤水爐的聖水，在法師進行清壇、請神儀式的過程，水聖公、水流姑也共同乘坐四轝轎在沙灘上遊走，藉此巡視四方海域，等到時辰一到，庄廟李聖宮李府千歲乩童代為調營點兵後，2名委員分別奉請黑色瓷甕步入海中完成請水儀式，沿途在八家將的護送下，隨即乘車返回聖流堂安座。由於馬沙溝海水浴場門票要100元，若非當地住民，均需買票進場，因此若想記錄聖流堂請水儀式，可跟著廟方進入即可免費入園。

將軍馬沙溝烈池宮

　　烈池宮主祀池府千歲，係清道光年間定居馬沙溝的陳氏裔孫所奉祀，初時以爐主制的方式在陳氏派下裔孫輪祀，今日

■ 馬沙溝烈池宮前往七股海堤請水，係以2只茶壺汲水。

廟貌係1986年興建。[34]歲時以農曆6月18日池府千歲聖誕千秋為一年中最大的慶典。烈池宮另依神明指示每四年舉行請水儀式，藉此招募水兵水將回宮效力，因此聘請紅頭法師提前數日前往請水地點插招軍旗。請水當天，先組團前往南鯤代天府進香，回駕後再前往請水地點請水，庄廟李聖宮均會出轎慶贊。請水儀式由三壇法師主持，待時辰一到，由李聖宮李府千歲乩童陪同烈池宮池府千歲乩童、四轎帶領2名委員提著2跤茶鈷（茶壺）步入水中請水，同時將招軍旗拔起。烈池宮歷科請水地點主要以曾文溪出海口的七股海堤為主。

---

34 未署名，〈馬沙溝烈池宮沿革誌〉（廟內碑記，1986）。

將軍馬沙溝清水宮

　　清水宮主祀清水祖師，初時以爐主制輪祀，今日廟貌係於2003年興建，[35] 歲時以農曆正月6日清水祖師聖誕為慶典日。清水宮固定3年一科（寅、巳、申、亥）請水，據沿革碑記載：「民國68年底清水祖師降乩指示，打造釘床乙座，訂定於翌年正月初四日往四草沿海遙祭謁祖請水，且訂每三年一科，延行迄今未變。」故清水宮自1979年開始舉辦遙祭祖廟暨請水招軍儀式，組團前往四草海墘請水，最近一次請水為2019年2月8日。每科請水，必先提前數日前往四草海墘豎立招軍告示。請水當天，先前往四草大眾廟參拜境主，然後再前往海墘請水，儀式固定延聘佳里興黃漢鋐、黃舒郁法師父子主持，等到時刻一到，四轎與李聖宮乩童衝入水中，爐主依指示以鍋子完成請水儀式，返駕後回到馬沙溝祈安遶境。

青鯤鯓朝天宮

　　朝天宮創建於清道光20年（1840），原奉祀天上聖母為主神，其後前往南鯤鯓代天府分靈李府千歲成為主祀神，今日廟貌係於1984年興建，歲時以農曆4月26日李府千歲聖誕及農曆3月23日天上聖母聖誕為一年中二個重要的慶典。朝天宮曾於2016年農曆3月17日組團前往庄頭附近的青山安檢站鎮海將軍廟西邊海域，進行天上聖母遙祭祖廟暨請水招軍的儀式，廟方先於農曆3月9日前來安黑色招軍旗。請水當天現場擺設

35　未署名，〈清水宮沿革誌〉（廟內碑記，2003）。

■ 朝天宮眾委員遙祭湄洲祖廟，並由在地鄭麒驥法師請水。

兩組祭壇，由青鯤鯓在地三壇鄭麒驥法師先率領廟方進行遙祭
祖廟的儀式，次再延請山上鄭茂榮法師負責請水招軍的法事，
約於下午1點左右由鄭茂榮法師依序調營點兵，並由爐主跋桮
確認各營水兵水將是否已收編完成；等到時刻一到，乩童、手
轎、四轎一起衝入海中完成請水儀式，隨後法師封住陶缽置入
香擔內，在宋江陣的護衛下快速上車，先護送水爐回宮安座。

北門溪仔寮南天宮

　　南天宮主祀紀府千歲，後又增祀李府千歲等神祇，今日廟
貌係於2002年興建，歲
時以紀府千歲聖誕農曆
5月26日為慶典日。早
期年年於「紀王生」當
天上午，組團前往南鯤
鯓代天府進香，並於下
午安營遶境，現今進香
已改為4年1科，並於

■ 溪仔寮南天宮係以水桶請水，然後請至神
房安置。

回程時不定期前往庄頭南側的華光橋畔下的三寮灣溪請水。
2017年適逢南天宮4年一科進香、請水的科年，該年也奉神指
示於回駕後前往三寮灣溪請水，由於此次聘請北高雄地區的法
師，因此請水儀式均按北高雄的做法，在香陣抵達三寮灣溪
後，法師現場將招軍旗插在溪裡，等到法事科儀結束，隨即帶
領乩童躍入溪中點燃降真爐，同時以水桶請水，回宮後再進行
「合爐」儀式，並將水爐迎至神房安置。

北門二重港仁安宮

　　仁安宮主祀李府千歲，同祀廣澤尊王、中壇元帥等神祇，
今日巍峨廟貌係於2012年重建，歲時每逢神明聖誕必前往南
鯤鯓代天府進香，同時禮聘府城延陵道壇吳政憲道長進行一朝
生日醮。每逢農曆8月22日廣澤尊王聖誕前，必組團前往南
鯤鯓代天府進香，回程再前往將軍溪請水，藉著請水儀式迎請
「太王」廣澤尊王、「太媽」妙應仙妃前來參加慶典。每年進香

■ 二重港仁安宮每年
固定請水，迎請
詩山鳳山寺廣澤尊
王、妙應仙妃來臺
團聚。

回駕，約於中午12點抵達將軍溪橋西側北岸，[36] 眾人於將軍溪畔榕樹下擺設供桌陳設祭品，同時延請紅頭法師進行清壇、請神、調營的儀式，在法事結束後，眾人開始關廣澤尊王四轎，在廣澤尊王發輦降駕後，待太王、太媽靈駕抵達後，四轎指示眾人丁弟子跪下迎接太王、太媽，隨後四轎帶領爐主手捧瓷甕走入將軍溪，望著出海口的方向請水，再由一人手持黑傘遮掩水爐上岸之後，再由法師蓋上瓷蓋，以膠帶封住水爐口，再於爐身交叉貼上封符，最後將水爐綁於爐主胸前，隨即徒步返回仁安宮安座。

蘆竹溝西天宮

　　西天宮主祀飛天大將，係清嘉慶年間由先民自福建泉州迎請來臺，地方耆老流傳三百餘年前，有福建漁船飄流至蘆竹溝，因缺乏糧食，漁民便將船上的飛天大將向庄民換取一袋白米維生，此後飛天大將永駐蘆竹溝，成為庄民信仰神祇，初時興建木造王宮祭拜，後於1977年興建今日廟貌，歲時以農曆9月24日飛天大將聖誕為慶典日。每年飛天大將聖誕前必擇週休假日前往南鯤鯓代天府進香請火，回程參拜三寮灣東隆宮後，再前往蘆竹溝漁港請水。

　　請水儀式向來由乩童主導，待時辰一到，乩童手持七星劍及五營旗帶領爐主步中海中以水桶汲水，再由涼傘沿途護衛步行回西天宮安座，聖誕隔日再舉行安外五營儀式。除了歲時的

36　早期請水地點在將軍溪橋東側北岸，後來才改到西側北岸。

■ 西天宮請水的地點位於漁港北側,此為飛天大將專屬的請水聖地。

■ 西天宮不定期送省親船,恭送飛天大將回唐山省親。

進香、請水儀式,西天宮不定期舉行「送省親船」儀式,由飛天大將指示當地木工師傅邱登木、邱俊佑父子打造木造省親船一艘,在聖誕前夕火化,供飛天大將回唐山探親。由於西天宮有此項特殊的民俗活動,廟方還在1994年委託邱登木師傅打造一艘飛天大將專屬的木製神船永祀於廟內。

▌第三節　曾文溪流域－溪北

　　曾文溪沿岸的庄社宮廟,在南、北兩岸呈現出兩種不同的請水文化,故筆者將曾文溪流域沿岸的庄社宮廟分為溪北與溪南。溪北地區以官田、麻豆、西港、南佳里、七股等區為主。此地區的宮廟請水以招軍為目的,故會提前數日前往請水地點豎招軍旗,多在午時11點左右完成請水儀式,回庄後再進行云庄遶境。

官田二鎮觀音寺

　　二鎮下厝尾角觀音寺主祀騎駛觀音佛祖,因金身騎獅,又

稱「騎騄媽」，原係下厝尾角林姓開基祖林朝於清乾隆年間自福建渡海來臺，隨身攜奉的守護神祇，初時抵達麻豆水堀頭，後移至官田二鎮下厝尾角拓墾定居。日治時期，日人在臺推行寺廟整頓、神佛升天運動，林姓宗親遂將「騎騄媽」寄祀於赤山龍湖巖，並於每年農曆9月15日至20日至赤山龍湖巖迎回酬神祝壽。戰後，林姓宗親前往赤山龍湖巖欲請回「騎騄媽」，因當時並無相關證明文件證明「騎騄媽」為林姓所有，僅只有請神登記簿記載每年農曆9月迎請神尊的記錄，故由曾任保正的許瑞章協調寺方，讓下厝尾角林姓宗親於每年農曆9月15日至9月25日前來迎回酬神祝壽。[37]現今觀音寺的「騎騄媽」為戰後向赤山龍湖巖老「騎騄媽」分靈雕刻奉祀，因林姓宗親曾招贅尹能貴，故現今二鎮觀音寺奉祀於主任委員尹博連老家古厝，準備覓地籌資建廟，歲時以農曆9月19日「佛祖生」為一年中最大的慶典。

　　觀音寺曾舉辦2次請水招軍儀式，1991年左右曾組團前往烏山頭水庫插旗招軍，當時即以4個陶缽請水，請回李元帥、藥劑師羅千歲、善才、良女；後於2011年再次前往曾文水庫東口請水，以3個陶缽請水請回大太子、二太子、三太子。每次請水回宮水爐先安置於神案3天，再進行犒軍、合爐儀式，目前李元帥、藥劑師羅千歲、大太子、二太子、三太子均雕有金身。

37　周宗楊整理，〈尹博連訪問記錄〉，2018年6月10日。

■ 二鎮觀音寺主祀「騎騂媽」。　■ 藥劑師羅千歲與先鋒李元帥係前往烏山頭水庫請水請回的神明。

官田二鎮田厝慈明寺

　　二鎮田厝角慈明寺主祀魚籃觀音佛祖，又稱「田厝媽」，係清領時期由當地陳姓先祖陳國成自福建泉州安溪攜奉香火渡海來臺入墾此地，後於清道光20年（1840）由陳姓6房子孫雕塑金身奉祀，今日廟貌係於1990年興建，歲時以農曆6月19日為慶典日。[38] 慈明寺不定期請水招軍，多聘請二鎮在地尹鴻林法師主持，最近一次請水於2016年農曆6月13日舉行，廟方先於農曆5月15日前往三結義橋下大圳溝插黑色招軍旗。請水當天，上午先前往臺南開基玉皇宮請旨，後再前往赤山龍湖巖進香，約於上午11點抵達埤肚仔三結義橋進行請水儀式，約於午時由乩童帶領爐主等人至橋下大圳溝以3個陶缽請水，結

38　未署名，〈慈明寺沿革碑記〉（廟內碑記，1990）。

■ 慈明寺請水地點風景十分清幽。

■ 將3跤水爐以紅布包覆，準備請入神轎中。

束後再往三結義三千宮駐輦用餐，接受三結義庄民的獻花、團拜，下午前往學甲紅茄萣慈明宮會香後，再返回二鎮云庄遶境。

官田三結義三千宮

　　三千宮主祀李府千歲（李府大千歲至五千歲），配祀鄭中醫師、史將軍、虎爺將軍，李府千歲係由麻豆代天府分靈而來，現今一落一拜庭硬山式馬背公厝，約於1970年興建，歲時每逢農曆2月初3前擇週六、日為赤山堡三結義「戲日」廟慶，會組團前往赤山龍湖巖進香，同時恭請二鎮慈明寺「田厝媽」

■ 三千宮每年農曆2月初固定前往赤山巖進香過爐。

回庄遶境、安青竹符、祭路煞，中午「食平安宴」，下午犒賞五營兵將、跋爐主。三千宮早期自興建公厝後，曾舉行過幾次請水儀式，最近一次約於1995年左右舉行，當時奉神明指示前往六甲赤山龍湖巖廟前的巖埤請水招賢，共請回鄭中醫師及史大將軍2位神祇。鄭中醫師醫術十分精湛，經常降駕為信眾治病，目前已雕有金身奉祀；史大將軍為一武將，擔任三千宮總兵馬副元帥，目前尚未有金身。[39]

官田慈聖宮

慈聖宮主祀神農大帝，係開基祖陳邦貳於明永曆16年（1662）迎奉來臺，初時奉祀於自宅，後於「後潭宅」建廟奉祀，今日廟貌係於2003年興建，[40]歲時以農曆4月26日神農大帝聖誕為慶典日。慈聖宮早期每有廟內新神像開光，或修建廟宇時舉辦請水，請水的地點以赤山龍湖巖前的巖埤為主；2003年新廟落成後曾前往赤山龍湖巖請水，最近一次為2011年農曆2月9日舉行。慈聖宮於2011年初聘請鹿港薪傳獎大師施至輝雕刻3尊神農大帝神像，適逢農曆2月初9日官田慈聖宮「赤山堡戲日」，加上烏山頭水庫八田與一紀念園區即將於該年5月落成，因此官田慈聖宮舉辦「迎觀音，請水路，感恩八田」遶境祈安活動。活動當天，慈聖宮聯合官田區的湖山、中脇、拔林、隆本、二鎮等6庄廟宇於上午6點乘車前往赤山巖，由紅頭法師

---

39 周宗楊整理，〈蔡曜駿訪問記錄〉，2018年3月17日，三千宮委員。
40 未署名，〈官田慈聖宮簡介〉（簡介摺頁）。

■ 官田慈聖宮2011年前往赤山巖開光神農大帝，並於會後請水。（旭山鄭吉宏提供）

開光3尊神農大帝，隨後舉行請水儀式，然後香陣再乘車前往烏山頭水庫遶巡八田與一紀念園區，回程再前往官田所轄的6庄頭遶境。

官田南廍福安宮

　　福安宮原主祀福德正神，後於清康熙21年（1682）成立福德爺輪班會，歷年祭典均前往茅港尾迎請神明辦祭，其後深感屢向他庄迎神不便，故於日大正2年（1913）成立南廍公厝，奉祀李、池、朱府千歲為主神，後又增祀吳、范府千歲，今日廟貌係於1992年重建，[41] 歲時每逢農曆10月10日為廟慶日。福安宮早期不定期請水招軍，2007年前往烏山頭水庫請回楊廣達

41　吳登神，〈南廍福安宮碑記〉（廟內碑記，1992）。

■ 在烏山頭水庫請水，可以欣賞湖光山色的風景。

■ 乩童陸續端著水爐上岸，場面十分壯觀。

名醫，2012年12月19日至23日舉行創廟100周年慶暨壬辰年五朝祈安清醮大典，當時即擇於12月16日上午組團前往烏山頭水庫插旗招軍請水，12月19日前往麻豆龍喉請水淨壇。現今廟內拜殿所供奉的楊名醫、李進士2位神祇即是當年請回的水將，目前楊名醫已修得金身，安奉在拜殿龍爿神桌，李進士僅設一個玻璃框，框內壁書寫「李進士得學」神位，安奉在拜殿虎爿神桌供人祭拜。

麻豆代天府

　　代天府又稱「五王廟」，相傳明崇禎年間，福建泉州府晉江縣富美宮放逐王船遊天河，李、池、吳3尊千歲隨王船東巡，停靠麻荳港水堀頭，庄民初將神像和王船一同供奉在水堀頭牛稠村的草寮內，後興建磚造宮廟「保寧宮」奉祀五王。清乾隆20年（1755），清臺灣知府蔣元樞敗其地理，此後導致瘟疫猖獗，民不聊生。麻豆人後於1956年3月自南鯤鯓代天府迎請李、池、吳三王回庄遶境，號稱「迎香祭」。當時王爺採生乩降駕指示，需要清理重啟靈穴，水堀頭龍喉鳳穴地理恢復後，

庄民即著手籌建麻豆代天府，原奉祀李府、池府、吳府等3尊千歲，又增祀朱府、范府，合稱「五府千歲」。

麻豆代天府自1956年水堀頭龍喉鳳穴地靈恢復後，每隔12年即舉行醮典，自1976年丙辰科、1988年戊辰科建醮，均前往水堀頭龍喉井尋根探源請聖水。除了每隔12年的建醮大典必請聖水，每逢丑、辰、未、戌年的「麻豆香」，若五王有指示，會安排在第3日出巡前往寮仔廓護安宮途經麻豆古港文化園區時，由蜈蚣陣及五王神轎進入園區水堀頭遺址，於現場面向龍喉井擺上供桌陳設祭品，在法師進行法事科儀時，5位五王乩童便會圍在龍喉井周圍，指示工作人員開啟龍喉井恭請聖水回宮，藉此溯源。麻豆代天府用來盛龍喉井水的容器多以塑膠桶為主，每次請的桶數均不固定，以戊戌科（2018）為例，廟方共請了3桶聖水，其中1桶貼上封符後載回廟中安置，其

■ 代天府五王乩童指示工作人員開啟龍喉井，恭請聖水回宮。

臺南請水儀式

餘2桶於現場開放民眾汲取，若聖水還有剩，則再倒回水堀中；至於載回廟中安置的那一桶聖水，只有在五王要以聖水為信徒治病或其他用途時，才會取出使用。[42]

麻豆什字路太子宮

太子宮主祀中壇元帥，創建於清道光15年（1835），今日廟貌係2012年重建，[43] 歲時每逢農曆4月8日金吒大太子聖誕、農曆9月9日哪吒三太子聖誕，均會延戲酬神。太子宮自建廟以來約有5次請水，2次前往七股海埕，2次前往磚仔井清水殿東側的曾文溪，1次在大內二溪好兄弟潭，[44] 最近一次請水於2016年農曆4月2日舉行，前往磚仔井清水殿東側的曾文溪請水。請水儀式固定延聘麻豆徐啟程法師主持，先提前數日前往曾文溪插招軍旗及水牌，並於岸邊安五營旗在此鎮守。請水當

■ 太子宮在水場上演落地掃，十分精彩。

■ 由乩童帶領眾人涉入曾文溪請水，同時拔起招軍旗及水牌。

42　周宗楊整理，〈徐勝輝訪問記錄〉，2018年5月13日，麻豆執業紅頭法師。
43　黃金保，〈麻豆什字路太子宮重建沿革誌〉（廟內碑記，2014）。
44　周宗楊整理，〈什字路太子宮廟公訪問記錄〉，2018年5月12日。

天，廟方號召將近20頂友宮神轎參與請水大典，香陣抵達磚仔井先參拜普濟堂、清水殿後，至榕樹下向東登上堤防直達請水場。儀式由法師負責主持，廟方也聘請戲班演出「落地掃」；約於上午10點，由乩童帶領眾人涉入曾文溪請水，同時拔起招軍旗及水牌，隨後由八家將護送水爐乘車返廟送入神房安置，其餘香陣則繼續進行遶境行程。

麻豆草店尾良皇宮

良皇宮主祀保生大帝，係由福建泉州同安吳姓先祖迎請來臺，今日廟貌係於2004年興建，歲時以農曆3月15日保生大帝聖誕為慶典日。良皇宮早期並無請水的習俗，自新廟落成之後，於2012年農曆11月4日至6日舉辦慶成謝土大典，當時延聘臺中何厝何永隆道長主行科事，即前往麻豆水堀頭請水，為謝土及清淨醮壇使用。2016年12月3日至12月10日舉行「金籙謝恩五朝保禳大醮暨無上水陸法會」，亦奉保生大帝指示前往麻豆龍喉及北門蘆竹溝漁港請水。此次建醮為良皇宮建廟以

■ 良皇宮遵循麻豆代天府建醮請龍喉水的傳統，故組團前往水堀頭請聖水。

■ 良皇宮前往蘆竹溝請水招軍，回宮襄助醮典事宜。

臺南請水儀式

來首醮，故良皇宮亦循麻豆代天府五府千歲建醮請龍喉聖水溯源的習俗，在前往頂大道興濟宮進香之後，回程再前往麻豆水堀頭請水。隔週再組團前往北門蘆竹溝請水招軍，也依神明指示準備2跤瓷甕恭請聖水回宮安座。在醮典過後，亦奉保生大帝指示於廟前龍爿以紅磚砌建營厝一座，奉祀五營營兵竹符及「五音仙兵」王令，並將水兵水將派駐在營厝中。[45]

麻豆番仔寮朝天宮

朝天宮主祀天上聖母，係早期由陳姓先祖自福建泉州同安迎請來臺，迨至1951年草建茅屋祀神，今日廟貌係於1993年重建，[46]歲時以農曆3月21日天上聖母聖誕為慶典日。朝天宮多在廟宇慶成謝土或建醮等重大慶典請水招軍，早期曾前往麻豆溝仔墘龍泉巖東側的曾文溪，及北門蘆竹溝漁港請水。[47]最近兩次請水分別於2005年啟建祈安清醮及2017年舉辦慶成謝土前舉行，兩次請水地點均在蘆竹溝漁港。朝天宮後於2018年農曆10月8日舉辦慶成謝土大典，奉神明指示於農曆9月21日前往北門蘆竹溝漁港請水招軍，由於安插招軍旗必需每日派人駐守，故徵得神明同意不安插招軍旗，僅事先擇日準備供品前來向海墘祭拜上香，同時昭告水域四周有意投軍的水兵水將，於請水當天前來納入媽祖麾下。請水當天，廟方先前往麻豆代天府進香，約於上午9點抵達蘆竹溝漁港，儀式延聘佳里陳炳從

45　周宗楊整理，〈吳振和訪問記錄〉，2018年6月9日，主任委員兼麻豆中興里里長。

46　詹評仁，〈臺南縣麻豆鎮番子寮庄朝天宮重建碑記〉（廟內碑記，1993）。

47　周宗楊整理，〈蕭先生訪問記錄〉，2018年5月12日，廟方委員。

■ 朝天宮只有在慶成謝土或建醮等重大慶典，神明才會指示要請水。

法師，約於10點半完成請水儀式。

西港街鎮安宮

　　鎮安宮主祀丁府元帥，原係抗日份子太西庄丁進發，後於日明治41年（1908）由西港街丁太樹募資興建小廟奉祀。1946年西港慶安宮丙戌香科授封為「丁府元帥」，擔任3年1科的水路先鋒，並職掌地府「監斬」一職。1979年丁府元帥第一次參與己未香科，當時即獲上天賜旨於農曆10月12日向雷聲普化天尊、開仙真宮及青龍宮保生大帝、北頭洋慶長宮觀音佛祖拜師祭祖，[48]今日廟貌係於2005年修建，歲時以農曆5月16日聖

48　劉傳心、李文同，《慶安宮轄內外廟宇寶鑑》（臺南：西港慶安宮，1980），頁100-101。

臺南請水儀式

誕為慶典日。鎮安宮另不定期請水招軍，最近一次為2008年農曆5月10日，前往青鯤鯓出海口請水。當天上午，先聯合開仙真宮、青龍宮及北頭洋慶長宮前往西港慶安宮參拜，然後再前往青鯤鯓請水。儀式延請西港雙張廍王文龍法師主持，約於午時完成請水儀式，回程再前往北頭洋慶長宮、佳里青龍宮、西港開仙真宮參拜，入廟後再將水爐請至神龕安置，並於「神明生」當天犒賞五營兵將。

西港檨仔林鳳安宮

　　鳳安宮主祀保生大帝，初期以爐主制輪祀，今日廟貌係於1987年興建，歲時以農曆3月15日保生大帝聖誕為慶典日。檨仔林自古即為「姑媽宮請水時期」的13庄之一，組有紅腳巾宋江陣參加香科，雖然廟內龍爿常祀田都元帥，但宋江陣自古「入館」前，會前往曾文溪畔舊厝地請水，恭請梁山人馬一〇八好漢中的1名好漢英靈，代表梁山人馬回鳳安宮宋江寮館鎮守安座，藉此保佑鳳安宮宋江人員操練、出陣平安。每科請水回宮後，由宋江師傅降手輦報出姓氏，廟方隨即在方形紅紙書寫「〇府將軍」名諱，然後再將紅紙貼在宋江寮館，水爐則置於宋江寮館神案上，並由法師進行安座法事。往年請水前並未於曾文溪畔插水牌，戊戌科（2018）奉神諭示於3月4日前往曾文溪畔插水牌，該科請水所請到的師傅姓「宋」，廟方隨即在方形紅紙書寫「田府元帥宋府大將軍安座大吉」張貼在宋江寮館內。「謝館」訂於農曆5月3日舉行，當天午後先於宋江寮館犒賞後，奉神指示迎請水爐及水牌至庄西圳溝旁，先將水爐

■ 樣仔林鳳安宮每科請水入館，必請宋江師傅報姓再書寫名諱於紅紙上。

的水倒入圳溝，藉此恭送宋江師傅，而水牌則請至堤岸內側的空地與金紙火化。

西港雙張廊保天宮

　　保天宮舊名「慶德宮」，原奉祀吳府千歲、池府千歲，創建於清同治5年（1866），後又增祀本庄曾氏祖佛朱府千歲。清光緒6年（1880）本庄因西北方被陰氣侵入，人畜不安，後有九天玄女降駕指示，鑿刻五雷號令石碑鎮守西北方，自此庄運亨通、人畜平安。1970年慶德宮進行重建，同時雕刻開光九天玄女神像為主祀神祇，新廟於1971年竣工落成，更名為「保天宮」，今日巍峨廟貌係於2013年重建，[49]歲時以農曆3月14日九天玄女聖誕為慶典日。保天宮請水的記錄最早可追溯到民國40餘年，當時組團前往曾文溪蘇厝潭（段）請水，由雙張廊王文龍法師的祖父王天送法師主持儀式，此次請水請回何府三爺、何府三娘2位神祇，廟中並雕有神像供奉；1991年左右因為神

49　王文龍，〈雙張廊保天宮沿革誌記〉（廟內碑記，2013）。

明採新乩，故又組團前往曾文溪蘇厝潭請水，最近一次請水為
2019年底。[50]

佳里下街四安宮

　　下街四安宮主祀城隍境主，據傳前清時期庄民在流經溪仔
底的曾文溪畔撿拾到一塊香木，上書「城隍境主」，而雇工雕
塑城隍境主金身。清光緒3年（1877）由11角蘇成創建小廟奉
祀，當時廟前有一棵古檨果樹，庄人皆稱之「檨城隍」。日治
初期重建廟宇，後因日人推行眾神歸天運動，11角佳池宮池府
千歲及13角幽冥殿地藏王菩薩均因此入祀於四安宮內，戰後
又於1963年由王石發等發起重建，目前舊廟已於2018年2月8
日將眾神移至臨時行館，準備原地重建，歲時以農曆5月11日
城隍境主聖誕為慶典日。四安宮早期亦不定期請水，最近一次
請水於2010年6月20日舉行。此次請水，廟方也籌組佳里唯

■ 四安宮2010年組有金獅陣參加請水，
　現今已成絕響。

■ 乩童、法師跳入曾文溪請水，此後未
　再舉行。

50　周宗楊整理，〈王文龍訪問記錄〉，2017年11月25日，西港雙張廍龍一道法館三
　　壇法師。

一的金獅陣參加；請水儀式延請鄭麒驥法師負責，先提前7天前往國姓橋下插水牌及招軍旗，並於請水當天先往府城隍廟進香，再往曾文溪請水，回駕之後再進行大遶境。

佳里外渡頭中社厚德宮

厚德宮創建於清嘉慶23年（1818），主祀謝府元帥，其後於清咸豐、日治時期各有重修，今日廟貌係於1963年重建，[51] 歲時以農曆5月4日謝府元帥聖誕為慶典日。厚德宮自姑媽宮36庄時期即組有黃腳巾的宋江陣參加「西港仔香」，故有「宋江母」之美名，每逢丑、辰、未、戌年「西港仔香」結束後，宋江陣必定等到5月4日謝府元帥聖誕慶典結束，才會舉行「謝館」儀式。厚德宮每逢西港香科年謝府元帥聖誕前，必一早組團前往臺南天公廟進香，約上午10點多回宮「合爐」，然後再前往國姓橋下請水招軍；歷科請水的招軍旗多為參加「西港仔

■ 厚德宮每逢西港香科年，必舉行請水儀式。

■ 爐主雙手奉請水爐上岸，涼傘隨後遮掩護衛。

---

51 陳仁德，《臺南縣市寺廟大觀》，頁270。

臺南請水儀式

香」的轎號旗，或是廟方於聖誕慶典懸掛於街道的長條宣傳旗，招軍旗均直接立於曾文溪中。厚德宮的請水儀式聘請佳里魏景雲法師主持，一切法事完畢後，由四轎、乩童帶領爐主躍入曾文溪中請水，回宮之後再將水爐安置於神龕內。

七股後港西唐安宮

　　唐安宮主祀池府千歲，同祀池府二歲、騰風元帥、鎮海五元帥等神祇今日廟貌為 1995 年重建，歲時每逢農曆 6 月 18 日池府千歲聖誕及農曆 11 月 15 日騰風元帥（鎮海四元帥）聖誕為一年中兩次重要慶典。唐安宮每年固定於農曆 6 月 18 日「池王生」前，組團前往南鯤鯓代天府進香，並於午時回駕前往將軍溪橋西側南岸請水。每年請水儀式均進行的十分匆忙，廟方並未將神轎抬下，僅借金興白礁亭設壇祭祀。請水儀式固定延聘後港在地法師鄭良政、鄭憲隆父子主持，當請水時刻已到，

■ 後港西唐安宮每年進香回程往將軍溪請水，係屬「過路請水」性質。

池府千歲乩童隨即帶領爐主提著水桶，涉入將軍溪中請水，請水結束隨即上車返回後港西云庄遶境。

七股頂潭永安宮

　　永安宮主祀境主公、城隍爺，兩神均為日治時期頂潭人，昔日因朋友被日人污陷為賊，兩人前去找日人理論，不料反被日人污陷為賊人同黨，將兩人押解至佳里興蘇厝寮禁錮，在前往佳里興蘇厝寮的途中，因為頑強抵抗遭到日人殺害。後來2魂受到頂廊永安宮東嶽大帝提攜步入神道，領旨授封「境主公」、「城隍爺」永鎮地方，今日廟貌係於1993年興建，歲時以農曆3月26日為慶典日。[52]永安宮固定每年農曆3月25日組團前往臺南東嶽殿進香請火，回程抵達庄北北營附近臺17線省道旁的大排水溝請水。每年進香團抵達庄北省道旁時約下午1點，廟方抬下神轎置於排水溝旁，同時擺上圓桌朝著大排水溝

■ 永安宮設壇於庄北省道圳溝旁，由法師進行請水法事。

■ 永安宮因乩童年邁無法跳入圳溝，另準備水桶供乩童請水。

52　周宗楊整理，〈陳水河訪問記錄〉，2013年5月10日，陳水河，1935年出生，陳姓3房人。

設壇祭祀，由於排水溝地勢險峻，加上乩童年紀頗大，早期乩童躍入排水溝請水的畫面已不復見。但見廟方事先準備好一桶以符淨化的聖水，再提到排水溝旁，讓乩童持陶甕汲水，請水畢，法師以紅布包覆，再交叉貼上封符置入竹籠中，由爐主扛起扁擔跟著隊伍回宮安座。

七股臺潭龍安宮

　　臺潭即「大潭寮」，原本隸屬於後港西唐安宮的祭祀圈，庄民鑑於長途跋涉，往返不便，民國39年（1950）乃由後港西唐安宮分靈神尊回庄奉祀，初時以爐主制輪祀於民宅，1964年興建龍安宮，主祀池府千歲，配祀范府千歲及騰風元帥，今日巍峨廟貌係於2012年重建，後來神示由騰風元帥擔任主神，歲時以農曆10月8日為廟慶日，當天組團前往四草大眾廟、南鯤鯓代天府進香，並於當晚謝神拜天公。龍安宮曾在2012年

■ 臺潭龍安宮因新廟入火安座之需要，2012年底組團前往國姓橋下請水。

11月17日因應新廟入火安座時，一連舉行2天的請水儀式，11月16日前往四草大眾廟、鹿耳門天后宮進香，再前往國姓橋下的曾文溪請水；11月17日前往北港朝天宮、南鯤鯓代天府進香，再前往頭前寮白礁亭前的將軍溪請水，請水時均以紅色水桶請水，再由紅頭法師以紅布包覆，回宮後置於神案下方。

七股城仔內水師寮天南宮

　　天南宮主祀李府千歲，係開基祖金首聲奉請來臺，於七股下山仔寮七股溪登陸上岸，初時以爐主制的方式輪祀，今日廟貌係於2006年興建，歲時以農曆4月26日李府千歲聖誕為慶典日。天南宮不定期前往昔日先祖迎請李府千歲上岸的七股溪請水，其目的在豎旗遙祭、恭請聖水、添兵補將，舉行的科年還要「合年格」。由於廟宇座向為坐東向西，因此只要合「東西內」的年格，廟方便會在李府千歲聖誕前跋桮詢問是否要請水；如果當年有請水，便會將請好的聖水放在神龕裡存放一天，隔天再把聖水倒入大水缸中稀釋，然後供信徒乞飲食平安。最近一次請水於2016年農曆4月22日舉行，廟方先提前數日前往

■ 天南宮不定期請水，庄內人丁幾乎全部出動。

■ 李府千歲往七股溪請水，另有溯源的意義。

七股寮仔與山仔寮之間的七股溪插招軍旗，等到農曆5月28日當天上午7點多，廟方組團乘車前往七股溪龍山段，眾人遙祭福建列祖列宗後，由紅頭法師進行法事，約於上午9點20分法師帶領乩童拔除招軍旗，隨即帶領眾人涉入水中完成請水儀式。

七股鹽埕南聖宮

　　鹽埕（臺區）南聖宮為一落三開間硬山北式廟宇，創建於1982年，為臺區、新山仔寮、八棟寮的信仰中心，主祀游府千歲，配祀南海佛祖、仁聖大帝、福德正神、註生娘娘、陳府千歲、中壇元帥等神祇。游府千歲係日治時期由洪大杉、洪榮泰父子自北門北門里蚵寮仔分靈而來，初時初奉於民宅鎮宅，後因神威顯赫落公，改以爐主制的方式輪祀於爐主家中。南海佛祖係日治時期由老村長張育從北門西山迎請而來，東嶽大帝建廟初期自府城東嶽殿包香火入神，並前往雲林麥寮雕刻神像開光；陳府千歲原為庄中陳姓人家所私祀的家神，生前原為鹽工，死後得道成神，後來陳姓獻出落公一同入祀南聖宮。[53] 南聖宮歲時以農曆3月27日游府千歲聖誕為慶典日，每隔3年舉行進香、遶境、安營活動，先前往南鯤鯓代天府進香請火，回程再進行遶境、安營的活動；每逢兔年、雞年的進香遶境活動，又增加請水的儀式，在進香回程後，於廟西的海堤岸邊舉行請水招軍的儀式。

53　黃明雅，〈七股區鹽埕里臺區聚落採訪錄〉《臺南文獻》（臺南：市府文化局，2014），頁216。

七股山仔寮龍山宮

　　龍山宮主祀池府千歲，同祀天上聖母、五府千歲等神祇，今日廟貌係1991年興建，歲時以農曆6月18日池府千歲聖誕為慶典日。每年農曆3月23日「媽祖生」當天，庄民必抬著神轎步行前往海寮仔龍海宮西側的「海坪仔」遙祭福建湄洲祖廟，順便呼請湄洲祖廟天上聖母前來看戲，廟方稱為「海坪仔請水」，此源於媽祖與千里眼、順風耳神像係於清咸豐8年（1858），庄人蔡傑等人於西海頂港仔捕魚時撿拾海漂漁船而得。早年龍山宮遙祭時並沒有請水的儀式，但自2011年起，奉王爺指示需請水回宮，往後每年「海坪仔請水」均固定舉行請水儀式，後來廟方也準備請水專用的瓷甕，先以水桶綁上繩索丟到潟湖打水，然後再將水桶的聖水倒入瓷甕裡，再把瓷甕放在供桌上讓手轎敕令，最後蓋上瓷蓋包覆紅布，完成請水儀式。整個「海坪仔請水」結束後，神轎隊伍回程前往海寮仔聚落遶境，並在庄廟龍海宮拜庭享用海寮仔庄民準備的海產粥，下午3點過後回龍山宮進行安營、云庄遶境活動。

■ 龍山宮每年遙祭湄洲祖廟後，另以水桶請水再倒入陶缽裡。（陳惠堅拍攝）

■ 王爺降手轎巡視聖水，再以紅布包覆。（陳惠堅拍攝）

七股頂義合保安宮

　　保安宮主祀保生大帝，係於清光緒12年（1886）中洲陳入墾頂義合時，自學甲慈濟宮分靈，最先供奉於家中，日治時期奉祀於集會所，1951年始由庄民陳教發起興建公厝奉祀，今日2層北式建築係於1981年重建，同時更名「保安宮」，[54]歲時以農曆3月15日保生大帝聖誕為慶典日，是日延戲酬神、犒賞五營兵將；每年農曆3月11日必與下義合保興宮合轎參加學甲慈濟宮「上白礁」祭典。保安宮在2011年農曆3月8日組團前往學甲慈濟宮進香過爐後，當天也奉保生大帝諭示前往頭前寮白礁亭將軍溪畔請水，自此往後每隔3年（子、卯、午、酉）固定於上午先前往學甲慈濟宮進香，後再前往白礁亭請水，下午回宮再進行安營換竹符、云庄遶境活動。

七股十份仔正王府

　　正王府主祀正官正王溫府千歲，同祀雷府3位大將，今日廟貌係於1985年興建，歲時以農曆4月26日溫府千歲聖誕為慶典日。正王府自建廟迄今曾請水兩次。2008年正王府於廟前堤岸旁建造王船亭，同時打造一艘王船準備永祀於亭內，當王船建造完工後，奉溫府千歲指示於農曆3月1日至3日舉行禮斗法會，並於3月3日進行王船請水出巡遶境活動。先將王船載往曾文溪出海口請水，回程再進行平安遶境。據主委陳惠德表示，本次到曾文溪出海口請水主要向四海龍王請聖水，祈

54　未署名，〈頂義合保安堂沿革誌〉（廟內碑誌，1981）。

■ 正王府因法會之需要，組團前往曾文
　溪出海口請水。

■ 本修法師將王爺出的符令置入茶壺
　（水爐）內。

求王船出帆順利。[55]2012年農曆9月9日至9月15日舉辦「三曹
正官正王佬水返潮萬法歸宗安靈薦祖大聖會」，延聘嘉義曾文
禪寺本修法師主持儀式，正王府於農曆9月7日組團前往曾文
溪出海口請水，象徵將沈沒於臺灣海峽的古靈請回正王府，來
參加安靈薦祖法會，藉此超渡這些沈沒於黑水溝的古靈。由於
本次法會結合了佛教與道教的儀式，在法會中也有恭請1盞油
燈，加上請水的聖水，代表水火同源，藉此彰顯佛、道兩教共
同舉辦的超渡法事。[56]

■ 第四節　曾文溪流域－溪南

　　本節所稱「溪南」主要以曾文溪以南、鹽水溪以北的大內、
山上、善化、安定、新市等5區為田調範圍。大內舊制原屬於
溪北曾文區5鄉鎮之一，因其請水文化與山上、善化等區相近，

55　周宗楊整理，〈陳惠德訪問記錄〉，2015年12月24日。陳惠德，正王府主委。
56　周宗楊整理，〈陳惠德訪問記錄〉，2015年12月24日。

■ 山上、善化、安定等區的宮廟出香前,多會過油鼎火再出發。

故置於本節介紹。此地區的宮廟多在半夜請水招軍,[57]故會提前數日前往請水地點插水牌;請水當天午夜聯合友宮神轎於廟前淨油過火後出發,[58]多在清晨卯時5點完成請水儀式,後再乘車前往各交陪庄頭友宮遶境參香,等到回庄遶境入廟時,往往已是當天晚上,其行程十分緊湊又「硬篤(ngē-táu)」。

大內後堀福安宮

　　福安宮主祀玄天上帝,係由大匏崙庄民前往玉井二埔村迎請玄天上帝香爐回庄奉祀,今日廟貌係於1990年興建,[59]歲時

57　安定區部分宮廟於半夜請水,亦有部分宮廟於上午請水。

58　山上大庄福緣宮每科請水並未過火出發,而是在請水回宮後才會過火入廟,此種做法比較符合邏輯。

59　陳仁德,《臺南縣市寺廟大觀》,頁261。

以農曆3月3日玄天上帝聖誕為慶典日，每4年為大科年（寅、午、戌）舉辦請水、過火（熟火）遶境活動。福安宮每逢大科年「上帝公生」前，會詢問玄天上帝該年是否要請水、過火，若神明有指示才會舉辦，但2004至2014年之間的大科年，神明並未指示要請水。每逢請水科年，必先前往請水地點插水牌，請水的陶缽亦會重新購買，並於入廟後將水爐迎入神房安置。福安宮最近一次請水為2014年農曆2月23日，前往大內三崁嶺的曾文溪請水，但回庄並未舉行過火儀式。當天凌晨，福安宮組團前往三崁嶺，請水儀式延聘山上鄭茂榮法師主持，約於清晨5點完成請水儀式，回程先前往善化溪尾褒忠亭參香，再返回庄內云庄遶境，並於入廟後將水爐迎入神房內安置，水牌則先放廟內，等到神明生當天賞兵時火化。[60]

大內石仔瀨天后宮

石仔瀨天后宮主祀天上聖母，創建於清光緒6年（1880），後於1971年重建，現今天后宮已於2013年拆除重建中，歲時以農曆3月23日天上聖母聖誕為慶典日。天后宮早期即有徒步前往鹿耳門天后宮舊廟址請水的習俗，1947年鹿耳門天后宮興建之後，因而改至鹿耳門天后宮會親。[61]現今天后宮每隔4年（子、辰、申）組團前往鹿耳門天后宮會親，若該年媽祖諭示要請水，會提前數日前往鹿耳門溪出海口插水牌，並於當天凌

60 周宗楊整理，〈楊志宏訪談記錄〉，2018年4月4日，楊志宏為福安宮委員。
61 黃文博等，《鹿耳門志下》（臺南：鹿耳門基金會，2011），頁483。

■ 石仔瀨天后宮眾委員於鹿耳門溪口奉香跪拜，由法師恭讀疏文。

■ 媽祖親自降乩帶領爐主步入海中請水，現場亦有救生員保護。

晨前往鹿耳門溪出海口請水，約於凌晨5點前完成請水，水牌亦會當場丟入金紙堆中火化，接著啟程前往各交陪庄頭友宮參香，當晚回庄遶境入廟後，再將水爐迎入神房安置，並於「媽祖生」當天下午犒賞五營兵將。2008年戊子科會親時，該年亦有舉行請水，最近一次請水為2012年農曆3月17日壬辰科會親，該年媽祖乩身請水的同時，剛好有一尾長約1.3公尺重達35臺斤的軟絲被海水沖上岸邊，一時傳為佳話。[62]

大內內庄朝天宮

朝天宮主祀天上聖母，由庄民自北港朝天宮分靈香火雕刻金身奉祀，後於清嘉慶元年（1796）興建公厝，[63]今日廟貌係於2012年興建，歲時以農曆3月23日天上聖母聖誕為慶典日。朝天宮另與石仔瀨天后宮共同輪祀保生大帝，每年於農曆3月14日移祀。朝天宮亦不定期請水，藉此招募水兵水將回宮效力，

62 周宗楊整理，〈吳清保訪談記錄〉，2018年5月20日，吳清保為媽祖乩身。

63 陳仁德，《臺南縣市寺廟大觀》，頁259。

據廟方表示，很多溪南的宮廟多會前來大內橋或二溪請水，但朝天宮請水的地點反而不在大內，而是以曾文溪上游的玉井段為主，最近一次請水為2013年農曆3月23日凌晨舉行，廟方先於22日組團前往北港朝天宮進香請「北港媽」，後於23日凌晨再前往玉井口豐里附近的曾文溪請水。儀式延聘山上鄭茂榮法師主持，依序清壇、請神、調營後，約於清晨卯時由四轎帶領爐主步入曾文溪請水，回庄後進行云庄遶境，並於入廟後將水爐請入神房安置。

大內二溪紫分寺

紫分寺主祀觀音佛祖，原為陳氏族人所共祀，今日廟貌係於1994年興建。[64] 歲時以農曆2月19日觀音佛祖聖誕為慶典日；每5年中會有2次進香活動，組團前往內門紫竹寺進香謁祖。紫分寺每逢當年有閏雙月時，才會請示觀音佛祖是否要請水，其日期多在農曆2月19前的假日舉行，請水的地點以二溪大橋橋下為主。請水當天凌晨，先聯合友宮組團前往內門紫竹寺進香謁祖，回駕後再前往二溪大橋橋下進行請水法事，儀式多聘請山上應妙壇鄭茂榮法師負責，約於凌晨卯時完成請水儀式，回程平安遶境，沿途行經大內北天宮、玄天上帝廟、主委、副主委、總幹事家參香，於當晚入廟安座。早期進香請水，回程必舉行「過生火」儀式，近年來已不再舉行；請水的水爐平日多放在神房內，若有庄內信徒生病，可向觀音佛祖跋桮請示，

64　未署名，〈大內二重溪紫分寺沿革史記〉（廟內碑記，1994）。

臺南請水儀式

求乞一些水來飲用或當藥引，據說有治病的功效。[65]

山上山仔頂天后宮

　　山仔頂天后宮主祀「玉二聖母」，昔稱「二娘娘」，初時隨鄭氏軍隊奉祀於大內鄉北仔尾（國聖湖），後又渡溪南遷至「山仔頂」搭建草廟，今日廟貌係於1978年興建，[66]歲時以農曆8月15日為慶典日。山仔頂天后宮早年即不定期請水，1988年前往青草崙仔曾文溪出海口南岸請水，2005年復又前往鹿耳門溪出海口請水，最近一次為2017年農曆3月20日。本次請水招軍的原因係因為「天三聖母」初次採新乩，故需要透過請水來招募兵馬。廟方先於農曆3月6日前往大內橋下插水牌，農曆3月20日凌晨聯合友宮前往大內橋下集結，約於凌晨卯時5點15分由乩童帶領龍、虎生肖及爐主步入曾文水請水。2017年農曆

■ 凌晨5點眾人立於曾文溪中，靜待請水時刻的來臨。（山上天后宮）

■ 法師搖鈴引路，讓中壇元帥老乩帶領天三聖母新乩過七星爐。（山上天后宮）

65　周宗楊整理，〈陳振章訪談記錄〉，2018年4月4日，陳振章1951年生，為紫分寺委員。

66　未署名，〈山上天后宮本宮沿革〉（廟內碑記，1978）。

3月22日下午犒賞五營兵將時，法師再取出香擔內的水爐，由爐主請至廟前神案上放兵犒軍，而新乩也在中壇元師老乩童的帶領下，逐一操五寶、踏七星、開金口，並在犒軍結束後，再將水爐請至神龕內安置。

山上苦瓜寮朝天宮

朝天宮創建於清嘉慶3年（1798），主祀天上聖母，今日廟貌係於1967年興建，[67] 歲時以農曆3月23日為慶典日。朝天宮自日大正10年（1921）重建後，「自此以後，每有祭祀均往北港朝天宮割火，村民信徒必至東勢寮曾文溪橋下接駕，並請水返境遶庄，祈求合境平安」，[68] 此為朝天宮最早的請水文字紀錄，此後何時中斷並無所知，直到1993年依媽祖指示前往鹿耳門天后宮進香，並於國姓橋下請水，1997年又改至鹿耳門溪出海口請水，自此固定4年1科（卯、未、亥）進香、請水、遶境。[69] 最近一次請水為2015年農曆3月22日，前往卓猴菜寮溪請水。前一天，先前往山上卓猴太子宮、六甲赤山巖、鹿耳門天后宮及北港朝天宮進香，翌日凌晨再前往水場集結，約於凌晨5點卯時完成請水儀式。請水畢，水爐先由宋江陣護送回廟內安置，水牌則是綁在神轎上參加遶境，依序乘車前往善化土虱堀聖興宮、東勢寮慶濟宮、三塊寮保安宮、茄拔天后宮、山上天后宮、南洲開靈宮等廟參香，最後步行回苦瓜寮遶境。

67 未署名，〈苦瓜寮朝天宮沿革〉（廟內碑記，2010）。
68 陳仁德，《臺南縣市寺廟大觀》，頁376-377。
69 黃文博等，《鹿耳門志下》，頁489。

■ 鄭茂榮法師逐營詢問水兵水將是否已　　■ 法師帶領朝天宮爐主涉入曾文溪請水。
收編完畢，並由爐主跋桮請示。

山上大庄福緣宮

　　福緣宮主祀余府千歲，原係清初施琅部將余化龍，後於清乾隆元年（1736）建廟奉祀，今日廟貌係於1985年興建，歲時每逢農曆5月14日余府千歲聖誕、農曆10月14日鎮海元帥聖誕為一年中兩次重要的慶典。[70]福緣宮每年農曆正月4日及5月1日均會「落壇」請神降駕，詢問今年有無舉辦遶境、請水、釘符安營等事宜。曾於1981年前後前往四草大橋橋下請水招軍，當時請回康府元帥，經常協助余府千歲處理庄內大小事務，歷經40餘年的修行，後於2013年農曆5月15日凌晨，前往四草大橋橋下請水暨開光康府元帥金身，最近一次請水為2018年農曆8月13日舉行，於石府千歲聖誕當天凌晨前往四草大橋橋下舉行開光暨請水科儀。

　　福緣宮的祭典儀式均由學紅頭法派的新莊里黃羿穎里長負責，在請水前一週，先前往四草大橋橋下插水牌。請水當天凌

70　陳仁德，《臺南縣市寺廟大觀》，頁378。

■ 福緣宮於四草橋下開光鎮殿福德正神，場面十分熱鬧。　■ 四輛衝入水中，由黃羿穎法師負責請水。

晨 3 點聯合友宮神轎乘車出發，抵達四草大橋橋下後，隨即由黃羿穎里長進行法事，並設壇「祭江」，約於凌晨 5 點，鎮海元帥帶領四輛涉水，並由黃羿穎里長完成請水聖事。回駕後沿途參拜友宮後，回庄遶境、過油鼎火後入廟安座，並將水牌及水爐迎入內殿神房安置，前 2 科的水牌也於犒軍時火化。[71]

善化東勢寮慶濟宮

　　慶濟宮主祀保生大帝，同祀清水祖師、文衡聖帝，創建於清乾隆 29 年（1764），今日廟貌係於 1983 年興建，歲時每逢農曆 1 月 6 日清水祖師聖誕、農曆 3 月 15 日保生大帝聖誕、農曆 5 月 13 日文衡聖帝聖誕為一年中三大慶典。[72]慶濟宮原則上每 4 年請水招軍，但會請示神明是否「合科年」才會舉行。若有請水，其日期多落在農曆 3 月 15 日「大道公生」前舉行，請水的地點

71　周宗楊整理，〈黃羿穎訪談記錄〉，2018 年 5 月 20 日，黃羿穎為新莊里里長，1967 年生。
72　周宗楊整理，〈王俞云訪談記錄〉，2018 年 5 月 19 日，王俞云為慶濟宮書記，1963 年生。

主要曾文溪為主；早期多在曾文溪安定段，2009年後改前往山上段請水，最近一次請水為2015年農曆3月14日。[73]每回請水活動必結合進香謁祖的行程，多在凌晨12點過火出發，先前往府城頂大道興濟宮進香謁祖，約於凌晨3點再從興濟宮前往山上曾文溪畔進行請水法事，約於清晨5點由乩童、法師帶領爐主持鋁製茶桶步入曾文溪完成請水儀式，回程沿途參拜友宮廟宇，再回庄遶境入廟安座。

善化土虱堀聖興宮

聖興宮主祀天上聖母（大媽、二媽、三媽），原為鄭姓人家私祀，後於1971年創建廟宇，今日廟貌係於1988年興建，歲時以農曆3月23日天上聖母聖誕為慶典日。聖興宮自1950年起，依媽祖指示不定期於「媽祖生」前，前往鹿耳門天后宮進香、鹿耳門溪出海口請水，[74]現今每隔6年（卯、酉）固定舉行進香、請水儀式，最近一次請水為2017年農曆3月19日。每科進香、請水固定於前一晚8點友宮報壇後過油出發，先前往鹿耳門天后宮進香謁祖，凌晨才由天后宮出發前往鎮門宮參拜，再到鹿耳門溪出海口進行請水儀式，儀式固定聘請山上鄭茂榮法師主持，約於清晨5點卯時以有蓋的塑膠罐請水，回程沿途參拜善化慶安宮、苦瓜寮朝天宮、茄拔天后宮、牛庄元興堂、東勢寮慶濟宮、三塊寮保安宮後，再回庄遶境安座，並於

73　周宗楊整理，〈王俞云訪談記錄〉，2018年5月19日。
74　黃文博等，《鹿耳門志下》，頁487。

「媽祖生」當天犒軍時，由法師打開塑膠罐，於宮內每個香爐倒一些聖水，並在燒金時，亦於金爐中倒入聖水，剩餘的聖水再請至神房安置。[75]

善化茄拔天后宮

天后宮主祀天上聖母，創建於明永曆24年（1670），今日廟貌係於1984年興建，歲時以農曆3月23日為慶典日。天后宮自古庄民即於「媽祖生」前，組團前往北汕尾遙祭湄洲祖廟同時請水；1947年鹿耳門天后宮建廟後，請水地點改至鹿耳門溪出海口。[76]據聞有一年茄拔天后宮請水，路經鹿耳門天后宮未打招呼，後來祭壇的一付牲醴被鹿耳門天后宮林姓主事拿走，茄拔天后宮遂推派林姓代表出面，以「親堂」說帖，對方才歸

---

75 周宗楊整理，〈蘇老伯訪談記錄〉，2018年5月19日，蘇老伯為聖興宮廟公。
76 黃文博等，《鹿耳門志下》，頁485。

還，從此兩廟建立交陪，[77]由於兩廟媽祖同樣來自湄洲祖廟，往後每逢請水科年，必先至鹿耳門天后宮會香。早年茄拔天后宮遙祭暨請水均全程徒步，1980年代因應工商社會繁忙，易徒步為車行，並改為3年1科；[78]1990年代管委會任期從3年改為4年，遙祭暨請水大典也隨管委會任期改為4年1科（寅、午、戌），最近一次請水為2018年農曆3月21日。

天后宮早年每科遙祭、請水全程徒步，沿途經過的廟宇多達20餘間，現今雖改為車行，仍舊會前往昔時路經的宮廟參香。每科請水必提前數日至鹿耳門溪出海口插水牌。請水前一晚6點半淨油出發，沿途參拜友宮，晚上9點抵達鹿耳門天后宮會香，並將神轎請入三川門內駐輦；凌晨1點半至鎮門宮參拜，隨即前往鹿耳門溪出海口進行請水法事。眾人先奉請鎮殿大媽、二媽、三媽神像至祭壇安座，由法師帶領全體委員向西遙祭福建湄洲祖廟，禮畢後再由法師進行請水相關儀式。歷年請水的時間固定在凌晨4點以前完成，有別於鄰近廟宇的「請卯時水」，主要考量到漲潮帶來的安全問題。戊戌科（2018）請水時間為約為凌晨3點36分，由乩童、手轎帶領爐主奉請透明塑膠罐步入海中完成請水儀式，回程再前往山上、善化等友宮參香，約於晚上10點吉時入廟安座，並由法師將水爐打開，以湯匙舀水倒入廟中每個香爐進行「合爐」儀式。

---

77 田進山，〈善化茄拔天后宮砌建延平郡王立碑〉，《天眼日報E化新聞網》，2011/12/20。

78 黃文博等，《鹿耳門志下》，頁485。

■ 遙祭湄洲祖廟前，必恭請鎮殿大媽登上神案。

■ 聖母考量漲潮危險，故每科請水均於凌晨4點前完成。

善化三塊寮保安宮

　　保安宮主祀吳府千歲、觀音佛祖，創建於1981年，歲時每逢農曆6月19日「佛祖生」及農曆9月15日「三王生」聖誕為一年中二個重要的慶典。[79]保安宮每隔4年（丑、酉、巳）舉行進香、請水、遶境活動，多在觀音佛祖、吳府千歲聖誕前輪流舉行。2005年於「三王生」前舉行，2009年輪到「佛祖生」前舉行，但此年遭逢八八水災，庄內淹大水暫停一次，最近一次請水為2013年農曆9月8日，2017年適逢請水科年因神明未指示要請水，故廟方暫停舉辦。保安宮請水的地點主要以曾文溪為主，早期多前往大內二溪好兄弟潭請水，2013年改至庄頭東側舊曾文溪橋下請水，雖然離庄頭較近，但仍得從茄拔附近遶一大圈才能抵達舊曾文溪橋下。每回進香、請水固定於前一晚11點煮油過火後出發，依序前往南鯤鯓代天府、赤山龍湖巖進香謁祖，約於凌晨4點抵達曾文溪畔進行請水前法事，並於凌

79　周宗楊整理，〈蘇金田訪談記錄〉，2018年5月19日，蘇金田，1941年生，為保安宮主任委員。

晨 5 點完成請水儀式。[80]

善化牛庄元興堂

　　元興堂主祀九天中壇元帥，源自南化尖山太子宮分靈，其後於清乾隆 33 年（1768）創建廟宇，今日廟貌係 1990 年興建，歲時每逢農曆 2 月 19 日觀音佛祖聖誕及農曆 9 月 9 日中壇元帥聖誕為一年中二次重要的慶典。元興堂固定 4 年 1 科（子、辰、申）舉辦進香、請水、遶境活動，其時間多在農曆 2 月 19 日「佛祖生」前舉行，請水的地點以曾文溪安定段為主，最近一次請水於 2016 年農曆 2 月 11 日舉行。請水進香活動為期 2 天，前一日下午 4 點淨油後，自行前往祖廟赤山龍湖巖、南化半屏橋元帥宮、南化尖山太子宮進香，約於晚上 10 點回駕；翌日凌晨 1 點友宮報壇，2 點淨油，3 點出發前往請水場，約於凌晨卯時 5 點完成請水儀式，然後沿途參拜各庄友宮後，返回牛庄遶境安座。除了科年的請水，若有舉辦醮典時，也會同時舉辦請水、進香活動，如 2010 年農曆 11 月 19 日至 21 日適逢該廟舉辦三朝祈安清醮，即奉神指示於 2010 年農曆 9 月 3 日請水招軍，回程再云庄安營，此次活動僅該廟自行前往，並無邀請友宮參與。

善化小新營三代祖師廟

　　祖師廟主祀三代祖師，係明永曆 15 年（1661）由先民李報本自福建漳浦縣迎請來臺，清乾隆年間初建廟於半路店仔社，

80　周宗楊整理，〈蘇金田訪談記錄〉，2018 年 5 月 19 日。

■ 三代祖師廟於清晨5點前往大內橋下插水牌，由胡秋東法師主持。

後遷建於現址，今日廟貌係於1984興建，[81] 歲時以農曆12月7
日為慶典日。祖師廟每隔4年（子、辰、申）固定舉辦進香、
請水、遶境大典，由於為期2天，舉辦的時間多落在農曆12月
7日三代祖師聖誕前的週六、日舉行，請水的地點以曾文溪茄
拔段或茄拔段對岸大內段為主，最近一次請水為2017年1月1
日前往曾文溪茄拔段請水。請水前一天上午，祖師廟先自行前
往關仔嶺碧雲寺、赤山龍湖巖進香過爐，下午5點先鋒轎先返
廟食點心，祖師轎則前往請水場駐駕。凌晨1點友宮報壇、集
合、吃點心，凌晨2點淨油出發，凌晨3點抵達曾文溪請水場，
由紅頭法師進行相關法事科儀，約於清晨5點完成請水；回程
沿途參拜善化茄拔天后宮、東嶽殿、興德宮、民安宮、慶安宮
等友宮，約於下午2點回庄遶境入廟安座。

---

81 吳鴻奇，〈祖師廟沿革〉（廟內碑記，1984）。

善化廟仔後角焄富宮

　　焄富宮主祀清水祖師，今日廟貌係於1976年興建，[82]歲時以農曆正月初6清水祖師聖誕為慶典日。由於清水大祖師係清咸豐年間（1851-1860）自福建泉州安溪清水巖迎請來臺，故早期臺地並無祖廟可供進香，後奉神諭示於40年代前往曾文溪蘇厝長興宮附近的蘇厝潭，遙祭祖廟暨請水招兵，此為焄富宮請水之濫觴，不過當時因長興宮未擺設香案迎接，導致兩廟後來交陪未果，此後均不定期舉行遙祭暨請水儀式。自1982年建廟之後，曾前往關仔嶺進香，後因與廟方發生用餐問題，翌年改前往赤山龍湖巖會香。及至1987年兩岸開放探親，焄富宮才於1990年、2009年及2017年組團前往福建泉州安溪清水巖進香謁祖。建廟後迄今舉辦過3次請水，1980年代初期曾前往麻善大橋底下曾文溪請水，1990年代則前往四草水域請水，最近一次於2017年農曆2月8日前往曾文溪茄拔段請水。[83]此次係慶祝廟宇重修落成，廟方擇2017年農曆正月21關廟門，農曆2月3日至7日前往福建安溪清水巖謁祖，翌日凌晨3點前往曾文溪茄拔段請水，回程進行祈安遶境，並於當晚9點舉行重修落成入火安座大典。

善化瓦窯興安宮

　　興安宮主祀清水祖師，清水祖師原為廟仔後角焄富宮主委

82　王明章，〈焄富宮沿革〉（廟內碑記，2003）。

83　周宗楊整理，〈許義方訪談記錄〉，2018年5月20日，善化南關里里長。

許清溪的叔公所有，日治時期許清溪的叔公不幸遭逢美軍戰機轟炸往生，清水祖師就留在當地。後來由廟仔後角清水祖師乩童楊清山將清水祖師轉贈予瓦窯高添金（人稱「金伯仔」），進一步落公成為瓦窯當地的神祇，初時以爐主制的方式輪祀，今日廟貌係於1986年興建，[84] 歲時以農曆正月16日清水祖師聖誕為慶典日。興安宮另不定期請水招軍，最近一次舉辦為2013年農曆元月14日前往大內二溪請水。請水當天先聯合友宮前往善化廟仔後角君富宮進香謁祖，在請火過爐後，於凌晨出發前往大內二溪橋下，約於清晨卯時5點完成請水儀式，回程沿途遶境約於晚上入廟安座。

善化什乃代天宮

　　代天宮主祀金府千歲，地方相傳金府千歲是由本庄具有乩身的吳姓人士從佳里請來的，其後落公供庄民膜拜，今日廟貌係於1969年興建，歲時以農曆10月20日金府千歲聖誕為慶典日，並不定期前往南鯤鯓代天府進香過爐。代天宮於2016年農曆10月13日首次舉辦請水儀式，[85] 由在地陳必芳、陳己仁法師父子主持儀式，廟方先提前數日前往曾文溪海寮段西港大橋橋下插水牌。請水當天，上午5點所有參贊友宮神轎過烘爐火之後，隨即乘車出發前往南鯤鯓代天府進香過爐，約於上午10點抵達曾文溪畔。眾神轎在駐輦之後，隨即由法師進行清壇、

84　李伯勳，〈宗教臺灣善化二興安宮神像迷你〉，《臺灣時報電子版》，2012/3/26。
85　周宗楊整理，〈陳必芳訪談記錄〉，2018年6月16日，什乃在地三壇法師。

臺南請水儀式

■ 什乃代天宮 2016 年前往西港橋下請水招軍，為該宮建廟首次請水。

請神法事，法師也在祭壇到水牌的路線兩旁等距離插上線香，形成一條「香路」。法師在調營、乩童點兵之後，隨即帶領爐主步入曾文溪水牌前方請水，同時拔起水牌上岸，接著以雞冠血敕水爐、水牌後，隨即將水爐請入香擔內，水牌則綁於神轎側邊，白雞另綁於轎頂上。請水畢，香陣沿途參拜友宮，最後回到什乃進行平安遶境。

善化慶安宮

　　慶安宮主祀天上聖母，其前身原為文昌祠，清同治元年（1862）文昌祠因強震倒塌，由總理洪精義等人倡議鳩資重建廟宇，並自大天后宮分靈天上聖母奉祀，顏曰「慶安宮」今日廟貌係於 2003 年修建。歲時以農曆 3 月 23 日天上聖母聖誕為慶典日。慶安宮自建廟 300 餘年來並未舉辦過請水儀式，2015

年奉偏殿田都府田都元帥指示，於農曆6月4日組團前往高雄頂茄萣賜福宮進香領兵，再前往茄萣海域請水招軍。請水儀式委由善化什乃三壇陳必芳、陳己仁法師父子主持，廟方先提前數日前往頂茄萣海域插水牌；請水當天凌晨3點各友宮即陸續前來慶安宮報壇參拜，等到凌晨5點過火之後，隨即乘車前往高雄頂茄萣賜福宮進香，並透過法師進行領兵儀式，約於上午9點半離開賜福宮，再步行前往茄萣海域進行請水儀式，由於當日颱風過境，請水時可說是險象環生。

安定保安宮

保安宮創建於清嘉慶元年（1796），主祀保生大帝、天上聖母，今日廟貌係於1992年興建，[86] 歲時以農曆3月15日保生大帝聖誕為慶典日。安定保安宮自古為安定頂八庄、下九庄的公廟，早期每逢丑、辰、未、戌年舉行「直加弄香」的請水、遶境活動，最遲在日大正11年（1922）已有香科的舉辦，依例前一年底先啟建清醮，隔年3月再舉辦請水、遶境，1994年甲戌科適逢新廟落成，將醮典和香科合併舉行，以減輕庄民及廟方的負擔。2003年癸未科循前例合併舉辦香醮，2015年乙未科復又舉辦香醮，自此香科改為12年1科。[87] 保安宮乙未科「直加弄香」為香醮合一的宗教活動，廟方仍舊維持先醮後香的傳統，於2015年12月21日至12月27日啟建五朝祈安清醮，並

---

86 陳丁林，《直加弄庄：大道公心，媽祖情》（臺南，安定保安宮，2004），頁20-26。
87 陳丁林，《直加弄庄：大道公心，媽祖情》，頁30。

■ 乩童奉請水爐，帶領爐主準備請水。
（黃文博提供）

■ 保生大帝乩童躍入洲仔尾溪請水，宋江旗、斧隨行護駕。（黃文博提供）

於2016年1月1日凌晨淨油後，隨即恭請保生大帝前往鹽水溪溪洲仔尾段請水，回程遶境下九庄；翌日凌晨再恭請天上聖母前往曾文溪茄拔段請水，回程再遶境頂8庄，兩天均於清晨卯時5點完成請水儀式，並於2016年1月3日犒賞五營兵將。

安定六塊寮金安宮

　　金安宮主祀溫府千歲，係清乾隆37年（1772）由北門王姓先民移墾六塊寮時，自北門永隆宮迎請而來，初時奉祀於民家，清同治12年（1873）由庄民草創茅屋奉祀，現今南式廟貌係於1973年興建，[88] 歲時以農曆9月初9中壇元帥聖誕及農曆11月1日溫府千歲聖誕為一年中兩次重大的慶典。金安宮於1994年曾前往曾文溪管寮段請水，最近一次為2017年農曆10月29日，前往曾文溪海寮段西港大橋橋下請水。此次請水先於2017年農曆10月14日前往曾文溪插水牌、立招軍旗、招軍榜文及安五營旗。請水當天凌晨，先前往漚汪文衡殿、南鯤鯓代天

88　黃阿有等，《安定鄉志》（臺南，安定鄉公所，2010），頁443。

■ 六塊寮金安宮歷年請水的地點均以曾文溪為主。

府、北門永隆宮進香過爐，上午9點抵達曾文溪畔，由法師進行相關法事，上午10點由法師帶領手轎、爐主步入水中請水、拔水牌，隨後由法師以紅布覆蓋水爐綁緊，貼上封符，再將水爐迎入香擔內安置，現場燒化黃色榜文及金紙後，香陣前往油車、安定、許中營、港口、沙崙、外塭仔等地參香，最後回庄遶境。

安定港仔尾福安宮

福安宮創建於清光緒5年（1879），係由庄人戴贊等人恭雕保生大帝金身，今日廟貌係於1997年興建，歲時以農曆3月15日保生大帝聖誕、農曆4月26日李府千歲聖誕、農曆9日9日中壇元帥聖誕為一年中三大慶典。福安宮另依神明指示不定期請水，每次請水均相隔甚久，最近一次請水為2017年農曆3月

臺南請水儀式

■ 港仔尾福安宮前往洲仔尾溪搭設臨時帳棚，並由法師協助插水牌。

12日，距離上次請水已30餘年。本次請水因廟內新開光李府千歲、李府老千歲、中壇元帥，故於開光後擇日前往溪頂寮東側洲仔尾鹽水溪請水；由於係屬招軍性質，故提前於2017年農曆3月6日前往洲仔尾鹽水溪插水牌。請水當天凌晨2點集合報壇，凌晨3點半過油後啟程前往洲仔尾，由紅頭法師進行請水法事，約於清晨5點由乩童帶領爐主涉入鹽水溪中恭請聖水。請水畢，香陣依序前往外塭仔、六塊寮、牛肉寮、港口、許中營、下洲仔、安定遶境，最後回到港仔尾入廟安座，同時由法師進行聖水「合香爐」的儀式。

安定下洲仔忠興宮

忠興宮主祀趙府千歲，係由當地先民自原鄉迎請來臺奉祀，今日公厝廟貌係於1973年興建，歲時以農曆2月12日趙

府千歲聖誕為慶典日。忠興宮每隔12年（未年）舉辦請水儀式，其時間多落在安定保安宮「直加弄香」請水遶境的前一個月（即農曆10月）舉行，請水的地點以曾文溪為主，最近一次請水時間為2015年農曆10月25日。以乙未科（2015）為例，廟方先於2015年農曆10月13日前往曾文溪安定段插水牌；請水前3天，再前往安定保安宮恭請保生老大帝聖駕。請水當天上午6點，廟方聯合安定保安宮、港仔尾福安宮於廟埕淨油後，一同前往曾文溪請水場進行請水法事，約於上午8點由乩童、法師一同涉入溪中以陶缽請水、拔水牌，並撕掉水牌上張貼的招軍告示，將水牌放水流。陶缽迎上岸後，法師隨即覆蓋紅布將其綁緊，再將水爐迎入神轎內安置。請水畢，香陣前往安定保安宮、安定福德宮、港仔尾福安宮等廟參香後，約於正午12點回到忠興宮入廟安座。

■ 下洲仔忠興宮每12年舉辦請水招軍，應與參加安定保安宮請水遶境有關。

安定大同里（牛肉寮）鎮安宮

　　鎮安宮主祀鎮海伍元帥、天上聖母、鎮海四元帥（騰風元帥）等神祇。鎮安宮舊址原位於復榮村牛肉寮，鎮海伍元帥原為庄中林姓家族奉祀的神祇，後與庄中另一處奉祀的天上聖母落公，成為牛肉寮庄中的公佛，後於日昭和5年（1930）興建公厝。1949年牛肉寮因地下水含砷量過高，庄民紛紛染上皮膚病，最後於1957年舉庄遷移至現在的大同村，鎮安宮也於1959年重建，今日廟貌係於2005年興建，歲時以農曆3月23日天上聖母聖誕及農曆11月13日鎮海伍元帥、四元帥聖誕為一年中最重要的兩次慶典。[89]鎮安宮於2007年農曆10月15日至16日舉辦慶成謝土暨請水、請火平安遶境活動，為該廟建廟以來第一次請水。鎮安宮於2007年農曆10月15日舉行慶成謝土大典，16日凌晨2點前往鹿耳門天后宮、四草大眾廟進香請火，並於上午8點前往四草大橋橋下請水。2017年廟方於牛肉寮興建營厝，並於農曆10月18日舉辦五營營厝謝土入火安座大典，當天在入火安座之後，也由神明降手轎帶領爐主於營厝前的池塘以陶缽請水；最近一次請水於2019年農曆11月12日前往四草橋下請水。

安定許中營順天宮

　　順天宮主祀天上聖母，係清乾隆年間來自福建的漁船在許中營附近捕魚，在返鄉之際留下船上的媽祖供庄民膜拜，後於

89　黃阿有等，《安定鄉志》，頁435-437。

日明治32年（1899）建立公厝，今日廟貌係於1974年興建，歲時以農曆3月23日天上聖母聖誕為慶典日。順天宮自日治時期即不定期組團前往舊鹿耳門媽祖廟舊址請水，其時間多在天上聖母聖誕前舉行，早期均全程徒步前往，沿途行經港口、大同村、六塊寮、中崙、沙崙、新寮、溪心寮、本淵寮等庄，1980年代易徒步為車行，並改至鹿耳門溪出海口請水，[90]最近一次請水為2015年農曆3月7日。請水當天凌晨12點半，先前往鹿耳門天后宮進香，後再前往鹿耳門溪出海口，約於清晨5點完成請水儀式，回程沿途參拜本淵寮朝興宮、新寮鎮安宮、六塊寮金安宮、大同村鎮安宮、港口慈安宮、港仔尾福安宮、安定保安宮等廟，於當日下午5點返庄遶境。

安定港口慈安宮

　　慈安宮主祀天上聖母，同祀保生大帝、李府千歲、廣惠夫人等神祇，今日廟貌係於1985年興建，[91]歲時以農曆3月15日保生大帝聖誕、3月23日天上聖母聖誕及4月26日李府千歲聖誕為一年中三大慶典。慈安宮另不定期請水招軍，請水日期多在「大道公生」之前，請水時間多在上午舉行，請水地點以曾文溪流域為主，最近一次舉行為2012年農曆3月11日前往曾文溪管寮段請水。慈安宮曾於2009年農曆3月15日至22日舉辦護國七朝祈安清醮大典，當時即於農曆2月26日前往曾文溪

90　陳治交，〈許中營順天宮香科祭鹿耳門請水〉，《臺灣時報電子版》，2015/5/4。
91　王大明撰，〈港口公廟慈安宮重建誌〉（廟內碑記，1985）。

■ 港口慈安宮前往曾文溪請水招軍，場面十分盛大。

插水牌，並於農曆3月9日中午12點半組團前往南鯤鯓代天府進香，翌日清晨5點回駕往曾文溪請水。2012年舉辦天上聖母、保生大帝前往福建湄洲、白礁祖廟謁祖暨李府千歲往南鯤鯓代天府進香、請水、遶境活動，即於農曆2月26日前往曾文溪管寮段插水牌，農曆3月2日至8日前往福建湄洲、白礁謁祖，農曆3月10日再前往南鯤鯓代天府進香，並於翌日上午9點回駕前往曾文溪請水。

安定油車南安宮

南安宮主祀李、池、朱府千歲，原為各姓的角頭祖佛，日明治31年（1898）組有王爺會，後於日大正14年（1925）建立公厝，今日廟貌係於1995年興建，歲時以農曆4月26日李府千歲聖誕、6月18日池府千歲聖誕、8月15日朱府千歲聖誕為

3大慶典。南安宮自公厝時期即按神諭示不定期舉行請水儀式，請水的地點以曾文溪流域管寮段至溪埔寮之間為主，請水的時間多在上午，最近一次請水為2014年12月7日。2014年底適逢南鯤鯓代天府啟建羅天大醮，油車南安宮亦迎請李、池、朱府千歲前往鑑醮；請水當天，先前往南鯤鯓代天府迎請鑑醮圓滿的神尊回鑾，再聯合友宮神轎、陣頭前往西港大橋底下請水，並由乩童拔起水牌，法師包覆水爐，然後再前往各友宮參香，最後回油車遶境。

新市頂港墘北極殿

頂港墘北極殿主祀玄天上帝，係許雙全3兄弟於清乾隆59年（1794）自福建漳州海澄縣厚仔社吳厝溪社梅興宮迎請來臺，後於1975年興建公厝，今日廟貌係於1993年興建，[92]歲時以農曆3月3日玄天上帝聖誕為慶典日。北極殿自1975年公厝興建後，每有重大慶典或廟宇重修時，多會在當年或翌年的農曆3月初2遊暗境後，玄天上帝便會指示要請水，並向上天請旨，接下來爐下弟子還要以庄內「新跤」來觀四轎數日，經玄天上帝降四轎發輦再次確認後，上天才會撥下請水旨令，委員們才會開始籌劃請水事宜，迄今曾舉辦過3次請水儀式，請水地點均以大內二溪兄弟潭為主。1975年公厝竣工後，當年即按神指示前往大內二溪請水，並請回方將軍、閻將軍2位部將，初期以令旗安在壽金上奉祀，現今已升格為木製王令。1993年

92　鄭枝南，〈新市頂港北極殿沿革〉（廟外碑記，2012）。

臺南請水儀式

重建新廟後，又奉玄天上帝指示請水；2006年又增建金爐、天公爐、石獅等設施，同年10月13日舉行鎮殿玄天上帝安座大典，故奉神指示於2008年農曆10月5日凌晨封廟門後，組團前往大內二溪兄弟潭開光請水，水爐在回宮後請入神房存放，水牌則於當月賞兵燒金時一同火化。[93]

新市南港墘北極殿

南港墘北極殿主祀玄天二上帝，今日廟貌係於1989年興建，[94]歲時以農曆3月3日玄天上帝聖誕為慶典日。北極殿自建廟後曾奉玄天上帝指示前往大內二溪兄弟潭請水兩次。2002年中壇元帥觀四輦49日來取新乩，並指示前往乩童家中向「公媽」稟明要取其子孫為神服務，等到所有流程處理完畢，中壇元帥指示前往大內二溪好兄弟潭請水招軍。2010年因信徒捐獻1頂武轎，讓玄天上帝出巡時坐武轎比較風光，但廟內並沒有較大尊的玄天上帝，於是新雕塑2尺9吋的玄天上帝、2尺2吋的金面太子各1尊，後來委員們又加碼增雕2尊尺8的康、趙將軍及2尊武轎的護法尪仔溫、馬將軍，後於2010年舉辦庚寅年開光暨謁水大典，擇農曆2月26日午夜1點前往大內二溪好兄弟潭請水，於曾文溪畔開光玄天上帝、金面太子等6尊神明，並於凌晨卯時5點恭請聖水回駕。[95]

---

93 周宗楊整理，〈黃金聰訪談記錄〉，2018年5月26日，黃金聰1957年生，玄天上帝乩童兼名譽主委。

94 未署名，〈新市南港北極殿沿革〉（廟內碑記，1989）。

95 周宗楊整理，〈楊江泉訪談記錄〉，2018年5月26日，楊江泉1960年生，為北極殿委員兼廟公。

新市三舍椰樹腳照明宮

　　照明宮奉祀天上聖母、中壇元帥等神祇，天上聖母三媽係由善化慶安宮分香雕金身而來，中壇元帥則分靈於玉井玉田村太子廟，清光緒2年（1876）始建公厝奉祀，初名「福安宮」，今日廟貌係於1976年興建，並更名「照明宮」，[96]歲時以農曆3月23日天上聖母聖誕為慶典日，每逢丑、辰、未、戌年於「媽祖生」前，組團前往北港朝天宮、玉井玉田太子廟進香過爐。照明宮自公厝時期即不定期請水，其時機多在媽祖重新遴選新乩後舉行；歷次請水地點多以曾文溪流域為主，曾前往麻善大橋橋下或大內二溪請水，亦曾前往鄰近的潭頂溪請水。現今廟內的天上聖母「二媽」即是於1960年代前往新市潭頂淨水場附近的潭頂溪，透過請水迎請上來的神祇，後來再恭塑金身奉祀於宮內龍爿。最近一次請水於2012年農曆11月18日舉行，當年「二媽」要採新乩子，選定庄民陳聰吉為乩子，並指示前往大內二溪請水，其後水爐迎入神房龍爿安置，水牌亦置於神房

■ 照明宮2012年天上二媽新乩，在過火　　■ 爐主扛起香擔，準備隨著二媽請水去。
　之後準備前往水場請水。

96　未署名，〈三舍村椰樹腳照明宮沿革與建醮緣由〉（廟內碑記，1991）。

虎爿存放。[97]

新市社內清水宮

　　清水宮主祀清水祖師，原本奉祀於橋頭清水宮內，係清咸豐4年（1854）由新港社內橋頭、社內、大宅、新店及番仔巷五庄所共同捐資興建，及至清光緒20年（1894）橋頭廟因地震倒塌，地方人士遂將清水祖師、天上聖母等神移祀於社內福德祠，1955年將廟名改為「社內清水宮」，今日廟貌係於2014年興建，[98]歲時以農曆正月初6清水祖師聖誕為慶典日。清水宮自1955年建廟後即不定期請水，據廟內〈新港社內清水宮沿革〉碑誌記載：

　　在民國47年戊戌年（1958）及民國77年戊辰年（1988）先後二次啟建三朝祈安清醮，又於民國84乙亥年（1995）往曾文溪麻豆橋下請水謁神回駕遶境安座。[99]

　　最近一次請水為2016年丙申年農曆正月6日凌晨舉行，係因舉辦慶成謝土大典而舉行，先於數日前恭請清水祖師前往福建安溪清水巖進香；農曆正月初6凌晨1點組團前往麻善大橋曾文溪畔集結，約於清晨5點完成請水儀式，回社內後隨即展開平安遶境，並於中午12點由天師鍾馗開啟廟門，然後迎請

97　周宗楊整理，〈陳聰吉訪談記錄〉，2018年5月26日，陳聰吉1964年生，二媽乩童。
98　未署名，〈新港社內清水宮沿革〉（廟內碑記，2014）。
99　未署名，〈新港社內清水宮沿革〉。

清水祖師等神尊入廟安座。

新市福壽巷北極殿

　　北極殿主祀玄天上帝，原先奉祀於新港社內橋頭廟清水宮內，其後由番仔巷庄民迎回玄天上帝於日昭和元年（1926）建廟奉祀，今日廟貌係於2012年興建，[100] 歲時以農曆3月3日玄天上帝聖誕為慶典日。北極殿建廟迄今舉辦過2次請水，日期多在玄天上帝聖誕前舉行，1974年前往大內二溪兄弟潭請水招軍，當時請回都天元帥、二元帥2位元帥，不久後即為都天元帥雕塑金身，後來都天元帥主要負責帶領北極殿的旗獅陣。2018年廟方增雕玄天大上帝、二上帝、三上帝及二元帥金身，並於2018年農曆2月23日再次前往大內二溪兄弟潭謁水開光。廟方先於2018年農曆2月8日上午前往兄弟潭插水牌，請水當天凌晨由新市三舍吳丁財法師開光3尊玄天上帝及二元帥金尊後，約於凌晨卯時5點完成請水儀式。

■ 福壽巷北極殿在二溪兄弟潭設壇，開光玄天上帝同時請水。

■ 已至清晨卯時5點，乩童與爐主相繼跳入兄弟潭請水。

100　未署名，〈福壽巷北極殿沿革〉（廟內碑記，2014）。

新市大洲保安宮

　　保安宮主祀保生大帝，今日廟貌係於1984年興建，[101] 歲時以農曆3月15日保生大帝聖誕為慶典日。保安宮早期每隔3年舉辦請水招軍儀式，請水地點並不固定，最遠北至南投、南至屏東大橋橋下高屏溪。由於大洲庄小人少，加上每次請水慶典花費甚鉅，故庄民後來徵得保生大帝同意改為不定期舉行。[102] 今廟內龍爿牆壁掛有2000年謁水刈香大典的祝賀匾額，與2016年最近一次請水，前後約相隔17年，為此亦有相關媒體爭相報導：

　　由於大洲保安宮已有十七年未舉辦謁水，主委許木祥指出，這次再前往二溪大飽崙謁水，就是要招兵買馬，壯大大帝的兵將，以護衛居民平安健康，風調雨順。[103]

　　2000年謁水係奉保生大帝指示，於農曆3月11日凌晨前往大內大飽崙曾文溪畔請水，可以說是大洲17年來未再舉辦盛大的慶典。前一晚自下午5點開始即有友宮陸陸續續前來報壇，翌日凌晨1點3炮出發，約於清晨5點完成請水儀式。回庄後平安遶境，並於入廟安座後將水爐及水牌迎入廟內神房存放，現今神房龍爿仍可見到2016年請水的水爐及2支水牌。

101　未署名，〈保安宮沿革〉（廟內碑記，1984）。
102　周宗楊整理，〈陳先生訪談記錄〉，2018年5月26日，陳先生不具名，1950年生，大洲保安宮執事人員。
103　張淑娟，〈睽違17年大洲保安宮將謁水〉，《中華日報電子版》，2016/4/11。

新市豐榮北極殿

　　豐榮北極殿主祀玄天上帝，日大正6年（1917）由福德爺會捐獻土地興建公厝，同時合祀福德正神，今日廟貌係於1979年興建，[104] 歲時以農曆3月初3玄天上帝聖誕為慶典日。北極殿自1979年建廟後，即不定期請水。1979年新廟落成時，曾組團前往大內新中溪（官田新中附近曾文溪）請水招軍，回庄後連續演戲酬神數日，大肆慶祝；1996年復又舉辦丙子科謁水請神祈安遶境大典，聯合友宮神轎陣頭前往大內二溪謁水請神，回庄後盛大遶境，祈求合境平安，除了這二次謁水請神，迄今並未再舉辦過請水。[105]

新市大社東勢北極殿

　　東勢北極殿主祀玄天二上帝、三上帝、四上帝，昔日大社分角頭自上帝廳（今之后店北極殿）迎請分祀而來，初時創建簡陋廟祠奉祀，今日廟貌係於1988年興建，歲時以農曆3月初3玄天上帝聖誕為慶典日。東勢北極殿曾於1996年農曆10月19日至23日聯合西興、後店北極殿3間廟，共同舉辦丙子科（1996）五朝謝恩祈安清醮大典，當時因應建醮之需要，擇於農曆10月9日上午前往曾文溪插水牌3支，此3支水牌分別具名「東勢」、「西興」及「後店」3間北極殿，並於農曆10月13日凌晨2點各封廟門後，一同前往曾文溪畔請水。最近一次請

104　未署名，〈新市鄉豐榮社區北極殿沿革〉（廟內碑記，2007）。
105　周宗楊整理，〈許廟公訪談記錄〉，2018年5月28日，許先生為豐榮北極殿廟公。

水為2011年農曆2月29日前往山上北勢洲橋下請水，此次請水延請善化什乃陳必芳、陳己仁法師父子主持，先提前數日前往此次請水插水牌，並於農曆2月29日清晨封閉廟門，凌晨5點完成請水儀式，回庄後眾神轎過七星火、開廟門入廟。

■ 第五節　曾文溪下游至鹽水溪流域

曾文溪下游與鹽水溪流域之間的行政區域為臺南市安南區。安南區雖然濱臨曾文溪南岸，但其請水文化與「溪南」的大內、山上、善化、安定等區不同，因為多在上午請水，請水文化與溪北的七股、西港、佳里比較接近。

安南新宅濟福寺景德祠

濟福寺景德祠前殿為景德祠，奉祀福德正神；後殿為濟福寺，奉祀觀音佛祖、保生大帝、謝府元帥等神祇，今日閩南式廟貌係2013年興建，[106] 歲時以農曆2月初2福德正神聖誕為慶典日。濟福寺景德祠於2013年農曆10月29日晚上11點舉辦新廟入火安座大典，當日下午曾經組團前往鹿耳門溪出海口進行遙祭福建祖廟祭典暨請水、火儀式，此後未再舉辦。由於保生大帝分靈自學甲慈濟宮，故該廟於鹿耳門鎮門宮廟旁空地搭設臨時祭壇，恭請學甲慈濟宮保生大帝及大令坐鎮祭壇，並邀請學甲慈濟宮委員參與祭典，由慈濟宮的禮生協助儀式過程。在

106　未署名，〈新宅濟福寺景德祠沿革〉（廟內石碑，2013）。

■ 新宅濟福寺景德祠 2013 年複製學甲上白礁的模式，在鹿耳門溪出海口舉辦遙祭祖廟儀式。

■ 濟福寺招軍旗立於鹿耳門鎮門宮對岸的沙洲，法師及爐主得坐竹筏才能過去。

遙祭儀式結束後，隨即由法師進行請水招軍儀式，依序調營點兵、爐主跋桮之後，隨即坐船前往鹿耳門溪中的溪埔請水、拔招軍旗。上岸之後，先將水爐請至臨時祭壇的香擔中，隨後由董事陳建欽點燃保生大帝敕符的金紙，放入另一個香擔的香爐中，藉此完成「請火」儀式。

安南五塊寮慶和宮

五塊寮慶和宮奉祀保生大帝、如來佛祖、中壇元帥，日大正 13 年（1924）始建公厝，今日廟貌係於 1978 年興建，歲時每逢農曆 3 月 15 日保生大帝聖誕、農曆 9 月 9 日中壇元帥聖誕為一年中兩大慶典。慶和宮曾於 1990 年、2005 年舉辦請水招軍儀式，[107]2014 年慶祝中壇元帥衍靈入臺三百週年，除了舉行一連串的慶祝活動，還包括前往四草大眾廟西側的臺江內海請

---

107 謝國興，〈謁水請將：臺南五塊寮慶和宮中壇元帥的請水儀式〉收入謝國興主編，《哪吒與太子爺信仰研究》（臺南：新營太子宮太子爺廟管委會，2017），頁294。

水。廟方先於農曆8月21日迎請中壇元帥前往四川宜賓翠屏山進香，後於農曆9月4日組團前往頂大道興濟宮、大觀音亭謁祖。請水當天上午6點，先前往中洲寮保安宮、新寮鎮安宮、鹿耳門天后宮、四草大眾廟參香，然後再徒步前往四草大眾廟西側的臺江內海集結。儀式由西港雙張廓王文龍法師主持，並依神指定的時間於中午12點15分完成請水儀式，下午回五塊寮云庄、遶境、安營，並將水爐迎入廟中神房安置，等到農曆9月初9「太子爺生」翌日中午再犒賞五營兵將。

■ 五塊寮慶和宮與佳里子龍廟為大交陪，又聘請同一位法師，故兩廟的請水模式十分累同。

■ 慶和宮每有請水，必挑選少年裝扮中壇元帥參加遶境。

安南草湖寮代天宮

　　代天宮主祀李府千歲，相傳原為神靈附著於庄內孩童捏製的泥偶上，後於日明治39年（1906）附身在庄民王旺身上，神示為南鯤鯓代天府李府千歲，初時以令旗奉祀，日明治41年（1908）雕塑金身於南鯤鯓代天府開光，並以爐主制的方式輪祀，後於1978年建廟奉祀，今

日廟貌係於 2000 年重修，歲時以農曆 4 月 26 日李府千歲聖誕為慶典日。代天宮以 3 年為週期，每逢辰、戌年為小科年，擇農曆 4 月 24 日前往宜蘭草嶺慶雲宮觀朝會親，農曆 4 月 25 日往南鯤鯓代天府謁祖過爐，農曆 4 月 26 日清晨回駕草湖寮遶境，當晚 10 點祝壽團拜，農曆 4 月 27 日賞兵、安營、食平安宴。每逢丑、未年為大科年，除了循例前往草嶺慶雲宮、南鯤鯓代天府進香，另於農曆 4 月 26 日清晨增加請水行程。非上述科年則於農曆 4 月 25 日午後前往南鯤鯓代天府進香，翌日清晨過爐回駕。每逢大科年（丑、未），代天宮照例前往西港大橋橋下的曾文溪畔請水，藉此招募水兵水將，返廟後將水爐迎入神房安置，並於午後集結友宮神轎進行平安遶境。

安南什份塭清安宮

　　清安宮主祀雷府大將三兄弟、謝府元帥等神祇，雷府大將三兄弟（雷勇、雷安、雷虎）原係福建泉州閩江人士，後於明永曆 15 年（1661）迎奉溫府千歲搭船渡海來臺，不幸於國姓港口翻船罹難，其後雷府三兄弟經常顯靈，受玉旨敕封為雷府大將，庄民於日明治 43 年（1910）雕塑金身奉祀；謝府元帥係由佳里外渡頭厚德宮分靈，歲時以農曆 11 月 15 日為慶典日。清安宮另不定期請水，請水的地點以曾文溪青草崙段南岸為主，最近一次請水為 2015 年農曆 11 月 14 日，距上次請水已有 15、6 年之久。當天上午 7 點，清安宮聯合友宮正王府乘車前往曾文溪青草崙段南岸，儀式延請七股後港西鄭良政法師主持，法師在依序清壇、請神、調營之後，隨即觀手轎及四轎，約於上

■ 清安宮不定期往曾文溪請水，儀式多在上午9點左右完成。

■ 手轎、四轎、爐主衝入水中請水、拔旗，招軍買馬至此截止。

午9點，手轎、四轎、爐主衝入水中拔旗、請水，完成招軍買馬儀式。隨後廟方先奉請水爐坐小貨車回清安宮，並由法師進行水爐安座儀式，然後再進行祈安遶境活動。

安南鹽田永鎮宮

鹽田永鎮宮主祀廣澤尊王，係早期由鹽工分靈於北門永隆宮，後於1952年建廟奉祀，今廟係於2005年重建，[108] 歲時以農曆8月22日廣澤尊王聖誕時為慶典日。永鎮宮每逢廟宇重大慶典如入火安座或啟建禮斗法會、祈安清醮時，便會組團前往鹿耳門溪出海口請水，迎請泉州南安詩山鳳山寺廣澤尊王、妙應仙妃、太王、太妃前來參加慶典。2011年廣澤尊王受玉皇大帝冊封為壬辰科「天下總代巡」，欽賜尚方寶劍，故於2012年10月5日前往鹿耳門溪出海口請水，迎接詩山鳳山寺的廣澤尊王、妙應仙妃、太王、太妃前來參加豎旗祭祖大典。2017年農

---

108 王茂盛，〈臺南市鹽田永鎮宮沿革誌〉（廟內沿革石碑，2008）。

■ 永鎮宮請水時海水已淹至半個人高，十分驚險。

■ 慶典過後，火化廣澤尊王、妙應仙妃王令及水牌，返回泉州詩山鳳山寺。

曆10月18日慶祝入火安座12週年啟建禮斗福醮，故又再次前往鹿耳門溪口請水。該年請水同時在海邊開光「詩山鳳山寺廣澤尊王、妙應仙妃、太皇、太后護國天尊」王令，並在慶典過後，擇日準備供品祭拜王令，再將王令迎請至空地火化，藉此恭送詩山鳳山寺廣澤尊王、妙應仙妃、太王、太妃返回祖廟。

▍第六節　鹽水溪至二仁溪下游

　　鹽水溪與二仁溪流域之間的行政區域涵蓋新化、歸仁、永康、仁德及舊臺南市區等。此地區的宮廟多在入火安座或建醮慶典時，才會視神明需要請水招軍；請水的時間多在上午，而仁德二層行及大甲等區的宮廟，在入廟前有舉行「過火」儀式的傳統。

新化清水寺

　　清水寺主祀清水祖師，係先人從福建泉州府安溪縣清水巖

迎請來臺，建廟年代約於清乾隆30年（1765）以前，今日廟貌係於1991年重建，歲時以清水祖師來臺之日農曆5月26日為慶典日。清水寺曾在2015年舉辦建寺百年首屆請水、請火儀式，此次儀式結合臺南地區的請水與北高雄地區的請火，十分特別。廟方先於2015年農曆5月17日上午開營放兵，下午前往六甲赤山龍湖巖插水牌、關廟龜洞南雄橋安招軍旗；農曆5月19日前往南鯤鯓代天府、大崗山超峰寺、赤山龍湖巖請佛。農曆5月20日上午封廟門後，組團前往赤山龍湖巖龍片的巖埤請水。儀式由善化道壇鍾旭武道長進行步虛、淨壇、請神、宣疏入意，後由歸仁董明杰法師調營點兵，約於上午11點20分由乩童帶領眾人躍入巖埤請水，同時拔起水牌上岸。隨後神轎隊伍前往關廟龜洞南雄橋邊「請山香」，於2點15分點燃降真爐的火藥完成請火招軍儀式，下午4點15分返回清水寺廟前過七星爐、開廟門入廟安座。

■ 清水寺先往赤山巖進香，再至廟前巖埤請水。

■ 爐主肩扛水爐尾隨乩童準備回駕。

新化洋仔保生大帝廟

洋仔保生大帝廟主祀保生大帝，據清康熙59年（1720）陳

文達《臺灣縣志》記載：「在廣儲東里，大道公廟，紅毛時建。」[109]
堪稱臺地最古老的保生大帝廟，其後歷經多次重建，今日廟貌
係於2010年重修，歲時以農曆3月15日保生大帝、財神爺趙
公明聖誕為慶典日。保生大帝廟自1974年重建後，每逢舉辦
重大慶典時均會舉辦請水招軍儀式，藉此招募水兵水將回宮因
應慶典之需要。2010年適逢重建36年紀念，加上廟宇重修落
成，即於該年農曆11月2日至6日舉行庚寅年五朝慶成謝土祈
安清醮大典，這也是繼1974年建醮後，再度舉辦請水儀式。
2015年又逢建廟400週年慶，廟方即於農曆8月1日至9月6日
舉辦一連串的慶祝活動，包含太歲殿謝土、謝恩祈安禮斗法
會、普渡等，此次建廟400週年慶亦於2015年農曆8月6日前
往南化九孔橋下菜寮溪畔插水牌，並於8月9日組團前往菜寮
溪請水。

永康大灣武龍宮

　　大灣凌霄寶殿武龍宮俗稱「大灣天公廟」，位處古鯽魚潭
地，主祀玄天上帝，係1949年由服務於臺南州廳土木課的陳
文龍雕塑，於農曆10月20日開光點睛，並設玄武壇於自宅降
駕濟世，其後於1969年初建廟宇武龍宮奉祀，今日巍峨廟貌
係於2005年重建，2012年農曆11月19日慶成入火安座，歲時
以農曆10月20日玄天上帝開光日為慶典日。武龍宮曾於2012
年農曆11月18日新廟入火安座前，組團前往鹿耳門溪出海口

109〔清〕陳文達，《臺灣縣志》（臺北：臺灣銀行經濟研究室，1961），頁213。

■ 法師於告示前方掐指唸咒，拔旗招軍
時刻即將來到。

■ 眾人齊涉海中拔下招軍旗，招軍時刻
至此截止。

招軍領兵，廟方先於農曆11月16日前往出海口插招軍旗，並
於淺灘設臨時壇，同時立招軍告示。招軍當天上午7點多，廟
方先前往鹿耳門天后宮、鎮門宮參香，抵達鹿耳門溪出海口
後，才由紅頭法師進行招軍儀式，後於正午12點半，由乩童、
四輦、法師等人涉入海中拔起招軍旗上岸，隨即整理隊伍準備
回駕安座。

永康王行開天宮

　　開天宮原位於永康「火燒店」，創建於鄭氏時期，主祀神
農大帝，其後於1948年遷移至王行里現址，歲時以農曆4月
26日神農大帝聖誕為慶典日。開天宮曾於2016年農曆乙未年
12月10日至14日舉行五朝祈安禮斗清醮大典，廟方即於農曆
12月1日入醮前，組團前往車行何仙姑廟北側鹽水溪支流許縣
溪招軍。由於本次目的在於招募水兵水將回宮襄助醮典事宜，
故廟方先於農曆11月24日前往何仙姑廟前許縣溪畔插水牌，
其水牌形式係將招軍告示書寫於方形木板上，再將木板告示背

後釘上一根木棍插於於許縣溪畔。招軍當天，廟方組織熱鬧陣頭、神轎及建醮名內會首等前往車行何仙姑廟參拜，再移駕到許縣溪畔。由紅頭法師主持招軍儀式，依序清壇、請神、調營後，待神農大帝起駕、四轎發輦後，乩童手持清香大步邁向許縣溪畔，待一旁委員拿走乩童手中的清香後，乩童隨即拔起水牌，並由工作人員將水牌包覆紅布，綁於四轎上，至此招軍儀式圓滿完成。[110]

南區南廠水門宮

　　水門宮主祀五府千歲、吳府二鎮、張府千歲等神祇，原位於府前路上，後於1993年遷至仁南街建廟，歲時以農曆3月15日吳府二鎮、4月26日李府千歲聖誕為一年中兩個重要慶典。水門宮曾於2014年閏9月23日舉辦范府千歲一朝王船醮，廟方於閏9月3日組團至四鯤鯓海灘請水迎王開光。當天上午，香陣先抵達四鯤鯓龍山寺參香，隨後再前往四鯤鯓海邊設壇。開光儀式由水門宮協成壇小法團負責，依序開光代天巡狩范府千歲、天上聖母、中軍爺、王令及所有的紙糊兵將水手，然後再將列位神尊請至近海處的案桌上，等待請水的時刻到來。上午9點20分，吳府二鎮乩童起乩，隨即帶領執事涉入海中以陶鉢及水桶請水，陶鉢上岸之後再以紅布包覆，防止聖水外溢。最後吳府二鎮乩童指示在案桌至海水之間挖一道溝渠，然後命

---

110 戴文鋒、陳宏田，〈永康區開天宮乙未年重建安座及五朝醮典略誌〉，《臺南文獻》12（臺南：市府文化局，2018/6），頁155-156。

■ 南廠水門宮小法團先於岸邊開光范府　　■ 水門宮透過請水，迎請代天巡狩范府
　千歲、天上聖母等神祇。　　　　　　　　千歲上岸。

人將列位神尊及水爐請至水邊，並由他帶領所有神尊上岸，表
示代天巡狩已經抵達，隨後眾人恭請神尊上轎返回南廠水門
宮，並於下午未時舉行代天巡狩安座儀式。

仁德中洲保生宮

　　中洲保生宮主祀保生大帝，係鄭氏時期由中洲先民自福建
泉州同安白礁慈濟祖宮迎請香火來臺，今日廟貌係於 2015 年
興建，歲時以農曆 3 月 15 日保生大帝聖誕為慶典日。保生宮每
逢重大慶典如謝土、建醮等，都會組團前往高雄白砂崙海邊，
恭送保生大帝神靈回白礁祖廟謁祖。[111] 保生宮 2015 年廟宇重修
竣工後，於該年年底舉辦三朝慶成祈安建醮大典，除了組團前
往高雄大崗山超峰寺進香，翌日再前往高雄白砂崙海邊恭送保
生大帝神靈，回白礁祖廟「上白礁」謁祖，同時舉行請水招軍
的儀式。當天上午，廟方先前往白砂崙萬福宮參拜，然後再前

111　保生宮管委會撰，〈保生宮沿革〉（廟內碑記，1979）。

■ 保生宮於保生大帝往白礁謁祖的同時，延請戲班進行「落地掃」演出。

■ 保生宮踏浪、拔旗、請水，所有步驟一氣呵成。

往黃金海岸「上白礁」謁祖暨請水。儀式由仁德林清塗法師主持，先將保生大帝神轎抬至沙灘遙向白礁祖廟，眾人擎香恭送保生大帝靈駕返回福建泉州白礁慈濟祖宮謁祖，廟方也將綁有招軍燈的紅色進香旗插在近海處，等到保生大帝回鑾的時刻將近，眾人抬起保生大帝神轎「關八臺」發輦，然後聯合其他神轎一起衝入海中以銅製香爐請水、拔旗。

仁德中洲北極殿

中洲北極殿主祀玄天上帝，原係中洲劉姓先祖設壇奉祀於福建漳洲宅中的神祇，後於鄭氏時期劉姓先祖奉請玄天上帝金身渡海來臺，其後曾由信士劉老神募資重塑金身，今日廟貌係於2015年興建，歲時以農曆3月3日北極玄天上帝聖誕為慶典日。[112]北極殿歲時並無請水招軍的習俗，但曾在2014年3月24日前往仁德服務區後方的空地進行插旗招軍的儀式，除了豎立

---

112 未署名，〈中洲北極殿沿革〉（仁德中洲北極殿2018年農民曆，2018）。

■ 中洲北極殿入火安座前,前往白砂崙　　■ 中洲北極殿入火安座時,延請鍾馗開
　　請水。　　　　　　　　　　　　　　　　廟門。

黑色招軍旗,也在招軍旗底下設置木製營厝,顏曰「仁德北極殿營寨」,內置五營令牌及香爐,後於3月30日前往拔招軍旗收兵。2015年11月15日舉行新廟落成入火安座慶成大典,廟方先於11月1日上午前往白砂崙海邊插水牌,後於11月7日上午組團前往白砂崙請水,並於11月15日上午舉行跳鍾馗開廟門的儀式。

仁德中洲玄天宮

玄天宮主祀北極玄天上帝,係清咸豐元年(1851)分靈自高雄燕巢威靈寺,後於1996年興建臨時行宮奉祀,今日廟貌係於2010年興建,[113]歲時以農曆3月3日玄天上帝聖誕為慶典日。玄天宮曾於2010年新廟入火安座當天凌晨組團前往高雄永安鄉永新漁港舉行招軍請火、乞水的儀式,由於玄天宮的二上帝來自燕巢威靈寺,故請火儀式聘請北高雄的法師進行,請

113　未署名,〈玄天宮北極玄天上帝之沿革史〉(廟內碑記,2010)。

水的儀式則聘請臺南地區的法師負責。約於凌晨卯時先進行請火的儀式，此次共請了5爐火；緊接著由臺南的法師調五營進行請水的儀式，由乩童涉入海中請2爐水，最後眾人拔起招軍旗，重整隊伍上車前往燕巢威靈寺進香謁祖，所以玄天宮這場因應入火安座前的招軍請水火儀式，可以說融合了臺南特有的請水與北高雄特有的請火文化。

仁德牛稠仔保華宮

保華宮主祀保生大帝，原為鄭氏時期牛稠仔當地鄭氏先祖自福建漳州府漳浦縣第三都嶺門鄉迎請來臺，初時於鄭氏家中私祀，逐漸落公供庄內信眾膜拜，今日廟貌係於2007年興建，[114]歲時以農曆3月15日保生大帝聖誕為慶典日。保華宮在2012年12月11日至16日舉辦壬辰年五朝謝恩祈安清醮大典，當年即因應醮典需要前往三鯤鯓秋茂園舉行請水招軍儀式，廟

■ 保華宮建醮請水，大轎衝入海中載浮載沈。

■ 宋江陣護送爐主迎請水爐上岸，迅速往臨時祭壇移動。

---

114 未署名，〈保華宮重建沿革〉（廟內碑誌）。

方先於2012年11月28日前往秋茂園插招軍旗，後於12月1日聯合大湖碧湖宮、田尾玉湖宮代天府、牛稠仔佛祖壇等友宮，前往三鯤鯓秋茂園海灘舉行請水招軍儀式，儀式結束後再前往開基玉皇宮進香請火，同時迎請張天師鑑醮，回程再進行安五營儀式，將水兵水將派駐在外五營中。

仁德港崎頭萬龍宮

萬龍宮主祀二府千歲，係湖內鄉草仔寮庄李姓先祖於明永曆年間迎請香火來臺，初時於高雄湖內草仔寮庄定居，後由大甲山仔頭辛家雕塑金身，並隨辛家搬遷至港崎頭，今日廟貌係於1984年興建，歲時以農曆4月16日二府千歲聖誕為慶典日。萬龍宮二府千歲早期還沒落公時，即年年舉行請水招軍儀式，因昔日二府千歲自三鯤鯓登陸，故每逢大祭典時必定前往三鯤鯓請水，除了招募水兵水將外，更有飲水思源的意涵。1993年適逢廟方建醮，當時即組團前往三鯤鯓請水，其後相隔12年於2005年請水。最近一次請水為2011年農曆4月13日慶祝二府千歲聖誕，舉行為期2天的進香、請水活動；4月12日前往高雄大崗山超峰寺進香，翌日再前往三鯤鯓請水。萬龍宮的招軍旗係採北高雄地區長條形的形式，上書「港崎頭萬龍宮往三鯤鯓海口進香招軍請水回駕安座合境平安」，在請水結束後，香陣前往三鯤鯓天宮壇參香，然後回庄遶境、踏火、入廟安座。

仁德六甲仔清水宮

清水宮主祀清水祖師，係陳姓先祖昔日渡海來臺拓墾時，

自福建泉州安溪迎奉來臺的守護神祇，初時奉祀於自宅，其後落公於 1979 年成立清水壇，其後移於六甲仔此地設壇濟事，今日廟貌係於 2018 年興建，歲時以農曆正月 6 日清水祖師聖誕為慶典日。六甲仔清水宮於 2018 年農曆 6 月 13 日舉行新廟入火安座大典，奉清水祖師指示於農曆 6 月初 3 日前往四鯤鯓請水、火，為該廟首次舉辦請水、火儀式。當天上午廟方先前往四鯤鯓大廟清水寺參香，約於午後 1 點轉往四鯤鯓海域，由於清水祖師係由福建安溪來臺，在臺灣沒有祖廟香火可請，楊平星法師在徵得清水祖師同意，採用北高雄一帶的降真爐請火方式，象徵清水祖師藉此請得祖廟的香火。由於楊平星法師認為請水等同「請王」隆重，現場也自供桌鋪設紅地毯到海邊，在四轎的主導下，法師帶領爐主步入海中請水，上岸後再將水爐迎入香擔內。法師表示，水爐會迎入廟內神房安置，並於次月賞兵犒軍。

■ 清水宮以紅地毯迎請水兵水將上岸，誠意十足。

■ 爐主手持青花瓷汲取聖水，藉此將水兵水將迎回宮。

第 七 章

請水香的宮廟

「請水香」又稱「刈水香」，盛行於二仁溪上游關廟田中、布袋、龜洞等區的招軍儀式，由於此區濱臨高雄阿蓮、田寮地區，深受北高雄一帶請火招軍的影響，又保留臺南地區請水的習俗，多聘請北高雄地區的法師前來主持儀式。

關廟布袋灣仔三官府

灣仔三官府主祀三關千歲，同祀觀音佛祖、李乃夫人等神祇，1980年創建廟宇，今日廟貌係於1988年興建，[1] 歲時以農曆2月19日觀音佛祖佛誕為慶典日。三官府每年固定於農曆2月19日「佛祖生」前舉行為期2日的進香及「請水香」，包括前往龍崎牛埔仔檳榔宅李乃夫人壇、

1 　三官府紫竹寺管委會，〈三官府紫竹寺興建沿革簡介〉（廟內碑記，2008）。

■ 乩童持米酒瓶準備請水。　■ 三官府的降真爐請火與米酒瓶請水儀式,均於海
　　　　　　　　　　　　　上同時完成。

關仔嶺碧雲寺、關仔嶺清虛宮進香,約於半夜再前往海墘「請水香」,此進香請火的活動自1971年起即年年舉行,迄今未曾間斷。

　　三官府每年均於農曆年前臘月24日送神前請示隔年的進香日期,並擇日前往神明指定的海墘插招軍旗;歷年「請水香」的地點包括關陀、永安、鹿耳門出海口,最遠至屏東枋山海域。由於三官府有自己的小法團,故每年的進香及「請水香」儀式並不外聘法師,而「請水香」也同樣有北高雄地區特有的降真爐請火,及臺南水爐請水的儀式。此外,每遇重大慶典時,三官府也會臨時舉辦「請水香」來招軍買馬,如2012年11月底舉辦三朝祈安清醮,即奉祀旨意於11月25日前往鹿耳門溪出海口請水、火。

關廟田中天壇玉虛宮

　　天壇玉虛宮主祀玄天上帝,係田中里里長雙文傾先祖於清

道光年間由福建迎請來臺，為雙家世代祖傳的祖佛，今日廟貌係於2013年興建，歲時以農曆3月3日玄天上帝聖誕為慶典日。玉虛宮早期即有前往海邊「請水香」或山林「請山香」招軍請水火的儀式，多聘請高雄阿蓮地區的法師主持儀式，每科必提前7日前往海垵設壇插招軍旗，並於儀式過後犒軍。2013年9月適逢玉虛宮新廟落成，舉行入火安座慶成謝土祈安醮典時，里長即遵奉玄天上帝指示要連續3年舉行「請水香」或「請山香」。2013年10月12日凌晨即前往西港大橋下曾文溪請水及請火；2014年3月前往梅山玉虛宮進香「請廟香」，後又於回程前往關廟布袋里南雄路草碑「請山香」，當時得到上天指示，需於隔年至曾文溪請水，迎請代天巡狩十二瘟王封、盧、侯千歲回宮，故2015年4月再次前往梅山玉虛宮進香後，回程再前往曾文溪「請水香」，恭請代天巡狩回宮。2015年6月27日雙文傾於自宅設立千歲府，並於玉虛宮內開光封、盧、侯千歲紙糊金身及一艘紙糊王船，然後沿途開水路迎接代天巡狩及王船

■ 玄天上帝乩童於西港大橋橋下點燃降真爐請火，象徵五方降真炁。

■ 玉虛宮以香擔請神尊及聖爐，在山區的廟會經常見到。

奉祀於千歲府中。[2]

關廟田中聖帝殿

　　田中聖帝殿主祀文衡聖帝，係由從事風水地理的吳瑞清於
1974年分靈於關廟山西宮，歲時以農曆6月24日文衡聖帝聖誕
為慶典日。田中聖帝殿不定期「請水香」，最近一次舉行是在
2015年10月24日，前往西港大橋下曾文溪「請水香」，多聘請
高雄阿蓮楊順枝法師負責整個儀式的過程。儀式舉行前3天必
前往水域插黑色長條形招軍旗，儀式當天上午封廟門後，即結
合友宮等大隊人馬前往西港大橋下，由道長進行淨壇、請神、
讀疏等儀式，在法師調大營後，「請水香」時刻將近，乩童拔
起招軍旗帶領四輦轎衝入曾文溪中，由法師大聲誦念「祈求風
調雨順、國泰民安」，隨即以暗叭香點燃降真爐請火，同時以
白色水桶請水，在黑雨傘的遮掩下將降真爐及聖水迎至祭壇中
香擔內，貼上封條回宮開廟門安座。

關廟龜洞福安堂

　　福安堂主祀清水祖師，創建於1948年，今日廟貌於1976
年興建，歲時以農曆正月初6清水祖師聖誕為慶典日。福安堂
另不定期「請水香」，包含請火及請水儀式。由於鄰近高雄阿
蓮、田寮等地，故多聘請高雄地區的紅頭法師或道長負責整個

2　周宗楊整理，〈雙文傾訪問記錄〉，2018年1月26日。雙文傾，田中里里長、玉虛
　　宮宮主。

儀式。「請水香」科期大致隨管委會4年1任而定，每年均由新主委請示清水祖師，有時4年內舉辦1至2次，迄今已有8次紀錄；曾前往高雄永安新港、旗津、彌陀舊港、臺南關廟南雄橋、安平等地「請水香」，最近一次為2018年2月20日。[3]「請水香」固定於農曆正月初6日凌晨進行，前3日先前往水場「笴壇」安招軍旗，並派人早晚上香。「請水香」當天凌晨，法師於廟內調營後，隨即張貼封條，關廟門，聯合友宮神轎、陣頭過烘爐火出發。抵達水場後，法師依序淨壇、請神、宣疏入意、調大營，最後觀大轎，由乩童帶領眾人以酒瓶請水、降真爐請火。儀式結束後，再返回關廟龜洞吃早餐、遶境，直到午時進行過七星火，開廟門入廟、「合爐」等儀式。

■ 福安堂先進行「關大轎」儀式，催神降駕。

■ 火光燃起的瞬間，眾人舉旗喝采。

3　周宗楊整理，〈黃茂吉訪問記錄〉，2018年2月20日。黃茂吉，1947年生，龜洞福安堂委員。

第八章

儀式型請水的宮廟

　　臺南地區常見「儀式型」的請水可分為王醮取王船水及請水清淨醮場兩種類型，王醮取王船水多分布在南關線一帶不定期舉行王船醮典的廟宇，多為數年或數十年才有舉行，屬王醮造船儀式的一部分，主要提供王船安龍目洗龍目水、出澳開水路或船上的日常生活用水使用，因此每科王醮「取水」的水量均相當的多；而請水清淨醮場屬中北部的道士科儀，多在宮廟聘請中北部道長進行醮典科儀時才有舉行。

安南土城仔鹿耳門聖母廟

　　鹿耳門聖母廟主祀「鹿耳門媽」，其前身原為保安宮，肇建於日大正2年（1913）土城仔人於西仔湖仔撿拾王船，進而奉祀五王神像，後於日大正10年（1921）重建新廟後，再前往臺南三郊請回舊鹿耳門天后宮寄祀的鎮殿大媽神像

■ 鹿耳門聖母廟步行前往「舊廟地堀仔」取水，供王船出塢灑水、拋碇使用。

等神尊，今日仿北京紫禁城宮殿式建築係於1975年重建，於1981年入火安座。聖母廟因於日大正2年（1913）撿拾1艘海漂王船，故於1961年首辦王醮。由於王船出塢時，必先在其前方灑水「開水路」，祈求王船出塢順利，故每科香科舉行前，廟方必前往舊鹿耳門媽祖廟遺址的「舊廟地堀仔」取水。

　　每科取水，神明會指定「合生肖」的人員來進行，取水之後再以自來水混合，其一用作王船出塢「開水路」使用，其二化符入水作為「王船水」，可供信眾求乞「食平安」。往年「取水」及「出塢」均在同一天清晨卯時舉行，由廟方相關人員低調乘車前往取水。自2015年乙未香科時，「取水」及「出塢」分開舉行，「取水」也大張旗鼓的出動神轎徒步前往，並由道長進行「正一請水科儀」，依序步虛、淨壇、請神、宣疏入意、化符之後，廟方隨即扶轎請示媽祖，由轎仔手帶領眾人前往遺址旁邊的魚塭取水，取水過後即循原路返回聖母廟。

歸仁仁壽宮

　　仁壽宮主祀保生大帝，係鄭氏時期明定國公鄭鴻逵之部將

吳鳩山隨鄭氏渡海來臺時，自福建泉州同安白礁迎請保生大帝金尊隨身庇佑，初時奉於吳宅，其後顯化庇佑鄉里，遂落公興建廟宇奉祀，今日廟貌係於1975年興建。仁壽宮每逢重修廟宇時，必舉行慶成祈安王醮大典，於打造王船期間，均會舉行隆重的「取水」儀式，當地又稱「請聖水」，為此地瘟王醮典的特色之一。

仁壽宮在戰後舉辦過4科王醮，1961年辛丑科及1977年丁巳科前往歸仁八甲里八甲溪取水，屬鹽水溪支流許縣溪流域；[1]1995年乙亥科則前往關廟埤頭村王伯壎先生之富強鑫公司灌溉用的深水井，當時取水分5擔，各主會挑一擔，步行回宮。[2]2015年乙未科於農曆8月14日上午6點文武陣頭向東南方出發，前往歸仁看西里總董張鈴宏自宅古井取水。當隊伍抵達後，隨即由紅頭法師進行相關法事，參與的所有四轎均上前將古井團團圍住，最後共取12桶聖水，同時以紅布包覆交叉貼

■ 仁壽宮乙未科請聖水時，所有四轎趨前將古井圍住。

■ 請完聖水之後，需以紅布包覆同時貼上封條。

1　黃文皇，《仁壽宮五朝王醮大典》（臺南：南市文化局：2017），頁72。
2　王瑞興等，《歸仁鄉仁壽宮志》（臺南：歸仁仁壽宮管委會：1999），頁219。

上封條，最後由「五主會」以扁擔挑水走一段路，再將聖水以
貨車載至王船廠存放。

歸仁大人廟

　　大人廟又稱「保西代天府」，創建於鄭氏時期，主祀朱、
池、李府千歲，清康熙33年（1694）高拱乾著《臺灣府志》記
載：「大人廟在臺灣縣保大里，廟宇最為弘敞。」[3]故建廟歷史十
分悠久，今日廟貌係1995年動土重建，1999年落成安座。大
人廟於1969年己酉科及1981年辛酉科王醮時，均前往媽廟附
近的許縣溪取水，1999年己卯科改至南化區玉山村雲山寺廟
旁的蓮花池取水，[4]2017年丁酉科亦奉王爺指示前往南化玉山雲
山寺取水。以2017年丁酉科王醮為例，廟方擇2017年8月1日
（農曆閏6月10日）上午「取水」。上午6點所有名內執事、委
員及王府禮生向三老爺參拜之後，隨即搭乘遊覽車向東出發，
約於7點半抵達南化玉山村雲山寺，所有人員進到廟內向觀音
佛祖行上香禮、恭讀稟文、行敬獻禮。禮畢之後，眾人移師廟
旁洗水臺前接引山泉水，每裝完一桶水隨即鎖上蓋子，貼上封
條。此次一共汲取18桶水，在返回大人廟後，由眾人接力將
水桶提進廠官爺廳存放。

3　〔清〕高拱乾，《臺灣府志》（臺北：臺灣銀行經濟研究室，1960），頁221。
4　黃文皇，〈臺南新豐地區南關線王醮祭典之探究〉（臺南：臺南大學臺灣文化研究
　　所：2012），頁90。

■ 大人廟於丁酉科（2017）前往南化雲　　■ 醮典執事合力將聖水提入廠官爺廳存
　山寺取山泉水，姚府先鋒四轎全程監　　　放。
　督。

關廟山西宮

　　山西宮主祀關聖帝君，係鄭氏時期「香洋仔」庄民拓墾時安奉聖帝，後於清乾隆27年（1762）由臺灣知府蔣允焄創建正式廟宇，清道光24年（1844）因郭光侯事件廟宇被焚毀，其後歷經多次修建，今日廟貌係於1982年興建，歲時以農曆6月24日關聖帝君聖誕為慶典日。關廟山西宮於1958年重新修建，並於同年11月4日至10日舉行七朝王醮大典，於初9送王船後，翌日入廟安座，此後決議每12年啟建王醮。[5]

　　山西宮每科王醮在造王船期間，亦會舉行隆重的「請聖水」儀式。1982年壬戌科及1994年甲戌科依傳統均於上午前往庄東松腳村大潭埤（舊稱「弼衣潭」）請聖水，並於正午返廟「安聖水」；2006年丙戌科則改於下午5點前往左鎮水流東請

5　涂順從著，《南瀛古廟誌》（臺南：南縣文化，1994），頁251-254。

■ 戊戌科請聖水儀式於照鏡山橋舉行，名內會首擎香隨拜。

■ 山西宮各名內會首以勺子舀取許縣溪水，藉此恭請聖水回宮。

■ 道長焚化淨符於每一桶聖水中，藉此淨化聖水。

水；[6]2018年戊戌科則於上午前往新光里鹽水溪上游許縣溪水源頭「三合水」[7]交匯處恭請聖水。當日清晨各陣頭陸續前往山西宮報壇後，狹長的隊伍簇擁著關聖帝君神轎徒步前往新光代天

6　黃文博，《南瀛王船誌》（臺南：南縣文化，2000），頁357。黃文皇，〈臺南新豐地區南關線王醮祭典之探究〉，頁143。

7　山西宮請水地點正好為許縣溪三支流匯集之處，故稱「三合水」。由於當天下雨，「三合水」亦有合溪水、山泉水及雨水為三合的說法。

臺南請水儀式

府遶境，最後抵達許縣溪的照鏡山橋駐輦，現場亦搭設簡易神案進行請水儀式。請水儀式委由賴泓銘道長主持，待上午7點56分時辰一到，所有名內執事立於岸邊舀取聖水裝入水桶中，後由道長焚化淨符於聖水中，再由小貨車載回山西宮王船廠存放。

鹽水大豐南天宮

　　大豐南天宮創建於日明治40年（1907），主祀文衡聖帝，係清光緒5年（1879）庄民自諸羅迎奉文衡三聖帝令旗與廣澤尊王四太保合祀於草壇中，後於日明治39年（1906）聘泉州師傅雕刻文衡聖帝金身奉祀，今日前殿廟貌係於1971年興建，1998年又於青峰寺後新建凌霄寶殿，成為今日三進式巍峨廟貌。[8]南天宮曾於2018年初舉辦建廟百年來的首次建醮，延聘臺中何厝派靈安壇何永隆道長主持丁酉年慶成謝土三朝祈安清醮大法會，並於2018年1月1日舉辦「敬取聖水」科儀。

　　當天上午10點由文衡聖帝、廣澤尊王2位乩童率領相關執事人員，恭請蔡觀音金身前往昔日庄中賴以維生的古井前，現場搭設簡易祭壇，恭請蔡觀音金身安座神案，依序由主祭官、陪祭官向蔡觀音行上香禮、獻供禮，隨後由道長進行相關取聖水前的科儀。此次廟方按神諭示由生肖屬龍的男丁負責打井水，古井的井緣也放置一只紙龍，喻示此為「龍井」。現場總共汲取1只木桶2只塑膠水桶的聖水，木桶為道長進行安龍科

8　陳豐哲，《大豐南天宮沿革誌》（臺南：南天宮管委會，1994），頁17-48。

■ 南天宮敬取聖水儀式由中部地區的道長主持,場面　■ 由肖龍男丁負責請聖
　十分盛大。　水。

■ 恭請聖水結束,工作人員提著聖水徒步回宮。

臺南請水儀式

儀使用，並以塑膠膜封住桶口，再貼上符令避穢；其餘2只塑膠水桶內置榕樹枝，用來清淨廟壇及醮域用，最後也依蔡觀音指示汲取一個塑膠米酒瓶的聖水，由廣澤尊王乩童帶領肖龍的男丁將聖水倒在觀音亭的兩側的蓮花池內，以完成蔡觀音諭示的「合聖水」的儀式。

第 九 章

結 論

　　透過臺南宮廟的調查與研究發現，請水儀式普遍存在於臺南各地，其目的多以招軍買馬、招賢納士為主，為臺南地區極為重要的信仰儀式。綜觀臺南地區的請水儀式，筆者大致從幾個方面來探討：

一、就宮廟主神方面

　　在筆者田調的118間臺南地區的請水宮廟裡，以供奉千歲的王爺廟佔最多，其中又以李府千歲最多，池府千歲次之；就單一主祀神來說，則以保生大帝廟最多，天上聖母與玄天上帝廟亦不遑多讓。由此可知，臺南民間信仰的宮廟祀神原本就以王爺、保生大帝、天上聖母、玄天上帝為大宗，故從事請水的宮廟祀神自然也以上述神祇居多數。

　　另就請水宮廟主神的身分位階而言，主祀

「天公」的將軍下山仔腳玉天宮玉天大帝，在3年1科遙祭祖廟的同時，也會順便請水招軍；而「有應公」成神的馬沙溝聖流堂的水聖公、水流姑，亦在每年「神明生」的前一天，前往馬沙溝海域請水招軍；此外，原係動物成神的新營竹圍仔竹安宮萬聖尊王，在新廟入火安座前，組團前往雙春仔海域請水招軍，故臺南地區的宮廟祀神，上至天公，下至有應公、動物神，不論「大細漢」，均可透過請水儀式來招募水兵水將回宮效力。

■ 有應公水聖公、水流姑每年請水，藉此添兵補將。

■ 竹安宮萬聖尊王請水招軍，為臺南的請水文化增添一筆新奇的案例。

二、就請水對象方面

臺南地區宮廟的請水對象，大致可分為以下幾種類型：

（一）祖廟主神：詩山鳳山寺廣澤尊王、妙應仙妃、太王、太妃。

（二）代天巡狩：南廠水門宮往三鯤鯓迎請代天巡狩范府千歲，關廟田中玉虛宮往曾文溪迎請封、侯、盧千歲。

（三）同胞祀神：麻豆大山宮往蘆竹溝迎請李府三千歲。

（四）宋江師傅：西港檨仔林鳳安宮歷科迎請的梁山好漢，

有武府元帥、魯府元帥、宋府大將軍等。

（五）水兵水將：亦即「水府」水兵水將，也就是無主孤魂野鬼，被宮廟請水迎回後擔任五營兵馬，等待機會晉升。

（六）動物靈：如官田二鎮天音堂的牛將軍、茅港尾天后宮的金獅將軍等。

由此可知，一般宮廟可以透過請水的儀式來迎請包括神明、水兵水將在內的好兄弟或動物靈，透過水為媒介，將無形的靈體請回宮中，效力於主神的麾下。

三、就水兵水將身分方面

水兵水將在法師的榜文或疏文裡，均以「溪、河、潭、洞、水府的一切晶仙，山林高嶺修持的列位仙真，四方五路的好漢英靈、猛勇賢士」稱呼，其實也就是在山林、水域附近遊蕩的孤魂野鬼，這些無祀的孤魂野鬼或有形單影隻，或有成群結黨，也因此才有 1 跤水爐請 1 位水將，或 1 跤水爐請一群水兵水將，或以「請王」來請好兄弟的首領的說法。就筆者訪查到水兵水將後來有得到敕封，進而雕刻金身的例子來看，官田二鎮觀音寺的李元帥與東區後甲真武殿的五維先鋒元帥，均係生前救人溺水，後來也必須因緣際會遇到神明請水招軍，才有機會投入神明麾下，進而受玉旨敕封為「元帥」。此外，也有生前救人落崖、採草藥落崖或抗日遇害的案例；由此可知，一般民間所謂「水兵水將」專指水中溺斃的孤魂野鬼的說法，可能

太過狹隘。

四、就水兵水將晉升方面

　　一般水兵水將在請回廟後，多從五營兵將開始做起，如山上大庄福緣宮康府元帥原係在山上附近烏松修行的好漢，透過請水儀式投入余府千歲麾下後，始擔任西營營頭聖者，經過40餘年的修行及濟世，得以晉升成為「康府元帥」。也有回宮之後立即晉升的情形，如後甲真武殿的五維先鋒元帥，生前於屏東隘寮溪三地門橋下救人而滅頂，後於2000年被後甲真武殿請水回宮後，玄天上帝透過點兵、身家調查才知其救人的義行，親率此名水將奏稟上天，受玉旨敕封為「五維先鋒元帥」。另外，也有因為要敕封成神，必須前往府城東嶽殿了結前世因果後，才可以再往天公廟領旨敕封，如官田二鎮觀音寺的藥劑師羅千歲、李元帥及3位太子，在透過請水回宮後，由觀音佛祖指示，須前往東嶽殿了結三世因果後，才可以正式成為觀音佛祖的麾下。[1]

五、就水兵水將的具象方面

　　一般宮廟請回水兵水將後，到底要歷經多久的修行，才能由無形的靈體轉化成有形的物質形象呢？就筆者蒐集到的一些宮廟案例，其具象的過程大致有下列幾種方式：

1　周宗楊整理，〈尹博連訪問記錄〉，2018年6月10日。

（一）以五營旗的形式存在：大多數請水的宮廟多將水爐請回廟內存放，水兵水將則編制於廟內五營旗中。

（二）以竹符的形式存在：如永康保安宮將水兵水將以竹符的形式安置於廟後梧桐樹下，以與廟前榕樹下的五營營厝區別，但在犒軍的時候，亦會在廟後準備供品祭拜。

■ 在水場現場開光「水府水兵」、「水府水將」令旗回宮，以與廟中的五營旗作區別。

（三）以令旗的形式存在：如善化道元堂於2012年10月19日前往山上水堀頭請水，當時即在現場開光「水府水兵」及「水府水將」令旗，用此泛稱的名號來代表水兵水將。學甲頭港鎮安宮每年3月請水回宮後，必往上帝公角安水軍旗，將水軍派駐在角頭。

（四）已有具體名號，但僅書寫名諱：官田南廍福安宮李

得學進士與楊廣達名醫均係2012年前往烏山頭水庫請水而來，目前李得學進士僅書寫名諱，並設有香爐及茶杯，楊廣達名醫已雕有金身供奉。

（五）已有具體名號，並以令旗、王令代表：新市頂港垅北極殿前往大內二溪請水，請回方將軍、閻將軍2位部將，初期以令旗安在壽金上奉祀，現今已升格為木製王令，可以預期未來「年格到」時，方將軍、閻將軍應該就會進一步雕刻金身奉祀。

（六）受到敕封後，一段時間即可雕金身：如後甲真武殿的五維先鋒元帥，係於2000年前往屏東隘寮溪三地門橋下請水請回，2001年即由耆老陳福枝出資為其恭塑金身奉祀。新市福壽巷北極殿的都天元帥及二路元帥，係於1974年透過請水請回，當時先雕刻都天元帥金身，一直到2018年「上帝公生」前，才前往大內二溪開光二路元帥金身回宮奉祀；類似的情形還有官田南廍福安宮楊廣達名醫、三結義三千宮的鄭中醫及二鎮觀音寺藥劑師羅千歲、先鋒李元帥及3位太子等。

故水兵水將在透過請水回宮後，可能初期先編入五營旗內，或以竹符的形式單獨存在廟外，以與五營厝區別；或是另外開光「水府水兵」或「水府水將」的令旗存在於廟中。也有得到封號後，先以香爐或書寫封號的令旗形式存在，進一步升格為木雕王令；也有請回一段時間後，跳過香爐、令旗、王令

等步驟，直接雕刻金身的情形。

六、就宮廟請水的科期方面

　　臺南地區固定科期的宮廟請水，有每年請水，亦有3至4年科期。曾文溪以北固定科期的請水宮廟以佳里興、學甲、將軍、七股、北門、麻豆最多；曾文溪以南則以安定、善化較多。鹽水溪至二仁溪流域之間的永康、仁德、新化地區的宮廟，多在新廟入火安座或慶成謝土、祈安建醮時，才會舉辦請水招軍儀式。二仁溪上游的關廟布袋里三官府，每年於農曆2月19日「佛祖生」前往龍崎牛埔仔檳榔宅李乃夫人壇、關仔嶺碧雲寺、關仔嶺清虛宮進香，然後午夜再往海垟請水、請火，是曾文溪以南的地區唯一每年舉辦「請水香」的宮廟。

■ 曾文溪以南每年「請水香」招軍的宮廟，只有關廟布袋三官府此廟。

七、就宮廟請水的作息方面

臺南地區宮廟的「請水」、「刈水火」、「請水香」儀式舉行的時間，可能因地緣關係，或神明特別指定的時辰，或是否安排進香謁祖行程，或是否前往交陪庄頭遶境，或是否安排回庄遶境行程，或依循祖廟的傳統等因素，而有不同的儀式進行時間：

（一）八掌溪中上游一帶：白河、後壁地區的「刈水火」，多依神明指示於清晨卯時5點刈火，但後壁鎮安堂、正心堂及本協朝天宮則是在上午舉行。

（二）八掌溪下游至曾文溪之間：此地區包括急水溪、將軍溪流域，行政區域涵蓋新營、柳營、鹽水、官田、下營、麻豆、學甲、佳里、將軍、七股、北門等區，多在上午請水，時間以午時（11-13點）為主；若有先安排祖廟進香的行程，請水時辰最晚不超過未時（13-15點）。此外，將軍溪流域的學甲慈濟宮「上白礁」請水火香，因沿途遶境及於白礁亭舉行遙祭儀式的緣故，請水時間多在傍晚5-6點舉行；若逢香科年，請水時間多於午夜舉行。

（三）曾文溪南岸：曾文溪以南、鹽水溪以北的山上、大內、善化、安定、新市等區宮廟，多在午夜1、2點「過火」後出發，於清晨卯時5點請水。據筆者觀察，此地區的宮廟多為庄頭大廟，與交陪廟多為庄頭與庄頭之間的交陪，故每回請水，各交陪庄廟必出轎

「相挺」；在請水過後，會前往各交陪庄頭遶境參香，由於回庄還要祈安遶境，為了爭取時間，故請水的行程多安排在午夜1、2點出發，約於清晨5點請水結束，隨即展開各庄頭的遶境拜廟行程，行程的安排十分緊湊。

■ 善化、山上、大內的宮廟在請水結束時，通常已是破曉時分。（善化道元堂）

（四）曾文溪下游以南至二仁溪中下游：此地區包括鹽水溪流域，行政區域包括安南區、舊臺南市區、永康、新化、仁德等區，請水的時間多以白天為主；但仁德中洲玄天宮因分靈自高雄燕巢威靈寺，故請水、火儀式聘請臺南及北高雄的法師個別主持，請水、火的時間也在清晨卯時舉行。

（五）二仁溪流域上游：關廟地區的田中、龜洞、布袋等

區，因鄰近高雄阿蓮、田寮，故「請水香」儀式採北高雄一帶的做法，時間也在午夜舉行，除了布袋三官府有自己的法師，其餘多聘請北高雄地區的法師。

　　臺南地區民間信仰的請水儀式，不論是「請水」、「刈水火」或是「請水香」，其實就是臺地民間信仰招軍儀式的一環，但在臺南地區的請水儀式中，又廣泛的包括了「請水迎神」、「請水迎靈」、「請王船水」、「請水淨壇」的案例，足證明臺南地區的請水文化十分的豐富多元。過去先民自原鄉奉請神尊渡海來臺，拓墾荒地、薪火相傳；透過請水儀式的舉行，我們緬懷祖先篳路藍縷、以啟山林的開拓精神，藉此達到飲水思源、追本溯源的目的；透過請水儀式的轉換，水兵水將得以凡入聖，轉化為神明麾下的營兵營將，用以保境安民、輔佐神務、戍守轄境，同建善功。

臺南請水儀式

附錄一：臺南請水宮廟祀神概況表

神祇名稱	數量	備註
王爺、千歲	30	李府千歲10 池府千歲7 五府千歲3 溫府千歲2 三關千歲1 余府千歲1 游府千歲1 紀府千歲1 金府千歲1 二府千歲1 謝府千歲1 趙府千歲1
保生大帝	21	
天上聖母（含玉二聖母）	15	
玄天上帝	13	
清水祖師（含三代祖師）	10	
元帥	7	中壇元帥3 丁府元帥1 楊府元帥1 騰風元帥1 鎮海五元帥1
觀音佛祖	6	
三官大帝	2	
神農大帝	3	
城隍境主	2	
動物成神	1	萬聖尊王
有應公	1	水聖公、水流姑
其他神祇	7	飛天大將 九天玄女 文衡聖帝 玉天大帝 廣澤尊王 忠義太歲 趙聖帝君
合計	118	

附錄二、臺南地區定期性刈水火宮廟一覽表

所在地區	宮廟名稱	主祀神祇	刈水火週期	刈水火時間	請水地點
後壁	藥店口鎮安堂	池府千歲	4年1科 （丑巳酉）	正月14日	依神示而定

附錄三：臺南地區定期性請水宮廟一覽表

八掌溪至急水溪流域					
所在地區	宮廟名稱	主祀神祇	請水週期	請水時間	請水地點
學甲	頂洲福安宮	李府千歲	每年舉行	3月23日前	廟後八掌溪畔
學甲	學甲寮慈照宮	保生大帝	每年舉行	3月11日	學甲頭前寮 將軍溪
學甲	頭港鎮安宮	李、池、 吳府千歲	每年舉行	3月3日前	雙春海水浴場

將軍溪流域					
所在地區	宮廟名稱	主祀神祇	請水週期	請水時間	請水地點
麻豆	海埔池王府	池府千歲	3年1科 （寅巳申亥）	6月18日前	北門蘆竹溝漁港
麻豆	謝榜寮謝正宮	謝府千歲	3年1科 （子卯午酉）	9月19日前	北門蘆竹溝漁港
學甲	慈濟宮	保生大帝	每年舉行	3月11日	學甲頭前寮將軍 溪白礁亭
學甲	大灣清濟宮	禹帝	4年1科 （子辰申）	3月4日前	北門蘆竹溝漁港
學甲	中洲慈福宮	李府千歲	每年舉行	4月26日前	學甲頭前寮將軍 溪白礁亭
佳里	營頂佳福寺	觀音佛祖	4年1科	9月19日	北門蘆竹溝漁港
佳里	佳里興震興宮	清水祖師	3年1科 （子卯午酉）	3位主神輪 流	北門蘆竹溝漁港
佳里	佳里興東池宮	池府千歲	3年1科 （子卯午酉）	6月18日前	雙春海水域場、 南鯤鯓代天府龍 泉井
佳里	佳里興保興宮	保生大帝	3年1科 （子卯午酉）	3月15日	雙春海水域場

將軍溪流域

所在地區	宮廟名稱	主祀神祇	請水週期	請水時間	請水地點
佳里	佳里興長興宮	池府千歲	3年1科（丑辰未戌）	3位主神輪流	雙春海水域場、曾文溪
佳里	新宅天玄宮	玄天上帝	3年1科（子卯午酉）	3月3日	雙春海水域場
佳里	子龍廟永昌宮	趙聖帝君	3年1科（丑辰未戌）	2月16日前	曾文溪西港段、七股段
佳里	蘇厝寮寶興宮	保生大帝	3年1科（丑辰未戌）	10月擇假日	將軍溪支流蘇厝寮溪
佳里	永興宮	三官大帝	3年1科（寅巳申亥）	10月15日前	北門蘆竹溝漁港
將軍	漚汪昌安宮	城隍境主	每年舉行	5月11日前	將軍口寮海坪仔
將軍	巷口李聖宮	李府千歲	每年舉行	4月26日前	將軍溪中洲段南岸
將軍	金興宮	保生大帝	每年舉行	3月15日前	將軍溪橋西側
將軍	馬沙溝聖流堂	水聖公、水流姑	每年舉行	8月19日	馬沙溝海水浴場
將軍	角帶圍興安宮	楊府元帥	每年舉行	6月20日	後港東天后宮東側古井
將軍	馬沙溝清水宮	清水祖師	3年1科（寅巳申亥）	正月初5	四草海域
將軍	馬沙溝烈池宮	池府千歲	4年1科（卯未亥）	6月18日前	十分仔七股海堤
將軍	下山仔腳玉天宮	玉天大帝	3年1科（子卯午酉）	11月12日前	將軍溪下游河口潟地
北門	二重港仁安宮	李府千歲	每年舉行	8月22日前	將軍溪橋西側
北門	蘆竹溝西天宮	飛天大將	每年舉行	9月24日	蘆竹溝漁港
北門	溪仔寮南天宮	紀府千歲	4年1科	5月26日	三寮灣溪

曾文溪流域-溪北

所在地區	宮廟名稱	主祀神祇	請水週期	請水時間	請水地點
麻豆	代天府	五府千歲	3年1科（丑辰未戌）	3月底	麻豆水堀頭龍喉鳳穴
西港	檨仔林鳳安宮	保生大帝	3年1科（丑辰未戌）	3月左右	曾文溪畔舊厝地

曾文溪流域 - 溪北					
所在地區	宮廟名稱	主祀神祇	請水週期	請水時間	請水地點
佳里	外渡頭厚德宮	謝府元帥	3 年 1 科（丑辰未戌）	5 月初	國姓橋下
七股	後港西唐安宮	池府千歲	每年舉行	6 月 18 日前	將軍溪橋西側白礁亭
七股	頂潭永安宮	境主公	每年舉行	3 月 25 日	庄北北營附近臺 17 線省道旁的大排水溝
七股	鹽埕南聖宮	游府千歲	雞、兔年	3 月 27 日前	廟西的海堤岸邊
七股	頂義合保安宮	保生大帝	3 年 1 科（子卯午酉）	3 月 15 日前	學甲頭前寮將軍溪白礁亭
七股	山仔寮龍山宮	池府千歲	每年舉行	3 月 23 日	海寮仔龍海宮西側海坪仔潟湖

曾文溪流域 - 溪南					
所在地區	宮廟名稱	主祀神祇	請水週期	請水時間	請水地點
大內	石仔瀨天后宮	天上聖母	4 年 1 科（子辰申）	3 月 23 日前	鹿耳門溪出海口
大內	後堀福安宮	玄天上帝	4 年 1 科（寅午戌）	3 月 3 日前	大內三崁嶺
山上	苦瓜寮朝天宮	天上聖母	4 年 1 科（卯未亥）	3 月 23 日前	左鎮菜寮溪
善化	土虱堀聖興宮	天上聖母	6 年 1 科（卯酉）	3 月 23 日前	鹿耳門溪出海口
善化	三塊寮保安宮	吳府千歲觀音佛祖	4 年 1 科（丑酉巳）	農曆 6 月 19 日前、農曆 9 月 15 日前	庄頭東側舊曾文溪橋下
善化	牛庄元興堂	中壇元帥	4 年 1 科（子辰申）	2 月 19 日前	曾文溪安定段
善化	小新營三代祖師廟	三代祖師	4 年 1 科（子辰申）	農曆 12 月 7 日前	曾文溪茄拔段
善化	茄拔天后宮	天上聖母	4 年 1 科（寅午戌）	3 月 23 日前	鹿耳門溪出海口
安定	保安宮	保生大帝	12 年 1 科（未）	11 月	鹽水溪溪洲仔尾段、曾文溪茄拔段

曾文溪流域-溪南					
所在地區	宮廟名稱	主祀神祇	請水週期	請水時間	請水地點
安定	下洲仔忠興宮	趙府元帥	12年1科（未）	安定保安宮「直加弄香」前1個月	曾文溪安定段

曾文溪下游至二仁溪流域					
地區	宮廟名稱	主祀神祇	請水週期	請水時間	請水地點
安南	草湖寮代天宮	李府千歲	6年1科（丑未）	4月26日前	西港大橋橋下曾文溪
安南	土城鹿耳門聖母廟	天上聖母	3年1科（丑辰未戌）	3月初	舊廟地堀仔

附錄三：臺南地區定期性請水香宮廟一覽表

二仁溪流域					
所在地區	宮廟名稱	主祀神祇	請水香週期	請水香時間	請水地點
關廟	布袋三官府	三關千歲	每年	2月19日前	依神示而定

參考書目

一、史籍、史料：

- 〔宋〕范成大，《范成大筆記六種》。北京：中華書局，2004。
- 〔宋〕陳元靚，《歲時廣記》。臺北：新文豐出版公司，1984。
- 〔宋〕王禹偁，〈小畜集〉《景印文淵閣四庫全書》。臺北：臺灣商務印書館，集部43，1986。
- 〔宋〕張耒，〈張右史文集〉《張右史文集淮海集》。臺北：臺灣商務印書館，四部叢刊初編縮本55，1965。
- 〔清〕吳震方，《嶺南雜記》。北京：中華書局，1985。
- 〔清〕未署名，《嘉義管內采訪冊》。臺北：臺灣銀行經濟研究室，1959。
- 〔清〕周凱，《廈門志》。臺北：臺灣銀行經濟研究室，1961。
- 〔清〕陳壽祺，《福建通志臺灣府》。臺北：臺灣銀行經濟研究室，1960。
- 〔清〕丁宗洛，《陳清端公年譜》。臺北：臺灣銀行經濟研究室，1964。
- 〔清〕富察敦崇，《燕京歲時紀·帝京歲時紀勝》。北京：北

京古籍，1981。

- 〔清〕未署名，《安平縣雜記》。臺北：臺灣銀行經濟研究室，1959。
- 〔清〕周鍾瑄，《諸羅縣志》。南投：臺灣省文獻委員會，1983。
- 〔清〕高拱乾，《臺灣府志》。臺北：臺灣銀行經濟研究室，1960。
- 〔清〕陳文達，《臺灣縣志》。臺北：臺灣銀行經濟研究室，1961。

二、專書：

- 鈴木清一郎，《增訂臺灣舊慣習俗信仰》。臺北：眾文圖書，民78。
- 黃文博，《南瀛王船誌》。臺南：南縣文化，2000。
- 林蔚文，《中國民俗大系‧福建民俗》。蘭州：甘肅人民出版社，2002。
- 丁世良、趙放，《中國地方志資料匯編》。北京：書目文獻出版社，1995。
- 江慶林，《臺灣地區現行喪葬禮俗研究報告》。臺北：中華民國台灣史蹟研究中心，1983。
- 劉枝萬，《臺灣民間信仰論集》。臺北：聯經，1983。
- 謝宗榮，《臺灣的道教文化與祭典儀式》。新北：博揚文化，2014。
- 甘村吉、陳定國，《澎湖宮廟小法與祭祀科儀》。澎湖：澎湖

縣文化局，2014。

- 陳仁德，《臺南縣市寺廟大觀》。高雄：興臺文化，1963。
- 呂廷復，《麻豆代天府戊辰年黃籙祈天大醮醮誌》。臺南：麻豆代天府管委會，1988。
- 陳丁林，《玉二媽傳奇－山上天后宮誌暨庚辰科祈安清醮》。臺南：山上天后宮，2001。
- 許献平，《臺南市北門區有應公廟採訪錄》。臺南：鹽鄉文史工作室，2013。
- 黃文博、謝玲玉，《後壁香火》。臺南：泰安宮旌忠文教公益基金會，2001。
- 黃文博，《南瀛地名誌北門區卷》。臺南：南縣文化，1998。
- 許献平，《新營太子宮誌》。臺南：新營太子宮太子爺廟管委會，2012。
- 黃文博，《南瀛民俗誌上卷》。臺南：縣立文化中心，1989。
- 魏淑貞，《臺灣廟宇文化大系（五）保生大帝卷》。臺北：自立晚報，1994。頁30。
- 許献平，《後港庄記實》。臺南：鹽鄉文史工作室，2000。
- 黃文博，《鹿耳門志下》。臺南：鹿耳門基金會，2011。
- 黃文博，《南瀛地名誌新化區卷》。臺南：南縣文化，1998。
- 陳丁林，《直加弄庄：大道公心，媽祖情》。臺南：安定保安宮，2004。
- 黃阿有，《安定鄉志》。臺南：安定鄉公所，2010。
- 王瑞興，《歸仁鄉仁壽宮志》。臺南：歸仁仁壽宮管委會：1999。

- 黃文皇，《仁壽宮五朝王醮大典》。臺南：南市文化局：2017。
- 凃順從，《南瀛古廟誌》。臺南：南縣文化，1994。
- 中研院民族學研究所，《社群研究的省思》。臺北：中研院民族學研究所，2002。
- 陳豐哲，《大豐南天宮沿革誌》。臺南：南天宮管委會，1994。
- 謝國興，《哪吒與太子爺信仰研究》。臺南：新營太子宮太子爺廟管委會，2017。
- 陳文德、黃應貴，《社群研究的省思》。臺北：中研院民族學研究所，2002。
- 林金悔，《漚汪‧將軍‧施琅：將軍鄉鄉名溯源暨施琅學術研討會論文集》。臺南：臺南縣將軍鄉公所，2002。

三、期刊論文：

- 李明進，〈萬丹許舉人與下淡水溪義勇公的歷史事蹟〉，《屏東文獻》7（屏東：縣府文化局，2003），頁87-89。
- 林瑋嬪，〈臺灣漢人的神像：談神如何具象〉，《臺灣人類學刊》1：2（臺北：中研院民族學研究所，2003），頁124。
- 林瑋嬪，〈血緣或地緣？臺灣漢人的家、聚落與大陸的故鄉〉收入中研院民族學研究所，《社群研究的省思》（臺北：中研院民族學研究所，2002），頁134。
- 黃有興，〈學甲慈濟宮與壬申年祭典記要〉，《臺灣文獻》46：4（南投：臺灣省文獻委員會，1995），頁164。

- 黃明雅，〈七股區鹽埕里臺區聚落採訪錄〉，《臺南文獻》5（臺南：市府文化局，2014/7），頁216。
- 林美容，〈鬼的民俗學〉，《臺灣文藝新生版》3（臺北：臺灣文藝雜誌社，1994/6），頁62。
- 戴文鋒、陳宏田，〈永康區開天宮乙未年重建安座及五朝醮典略誌〉，《臺南文獻》12（臺南：市府文化局，2018/6），頁155-156。

四、學位論文：

- 曹育齊，〈府城普唵法教法師儀式之研究-以臺南和玄壇為例〉。嘉義：南華大學宗教學研究所，2013。
- 林良憲，〈刈水火儀式型能及其社會文化意義－以臺南後壁上茄苳顯濟宮為例〉。高雄：高雄師範大學臺灣歷史文化及語言研究所，2014。
- 黃文皇，〈臺南新豐地區南關線王醮祭典之探究〉。臺南：臺南大學臺灣文化研究所，2012。

五、廟宇碑記：

- 保生宮管委會，〈保生宮沿革〉。
- 未署名，〈南天宮史略〉，1986。
- 未署名，〈太子普安宮沿革史〉，1997。
- 徐炳崑，〈上茄苳顯濟宮簡介〉，1999。
- 劉振山等，〈本協庄與朝天宮〉，1990。
- 未署名，〈頂洲福安宮〉，1968。

- 吳三連,〈鎮安宮重修志略〉,1983。
- 未署名,〈下營曾氏三省堂沿革〉,2013。
- 未署名,〈開基海埔池王府沿革碑誌〉,1991。
- 詹評仁,〈謝榜寮謝正宮興建碑記〉,1994。
- 吳登神,〈清濟宮碑記〉,1987。
- 林裕章,〈溪州三官大帝永興宮沿革〉,1992。
- 未署名,〈營頂佳福寺沿革誌〉,1983。
- 未署名,〈保興宮重建沿革誌〉,2002。
- 未署名,〈寶興宮落成碑記〉,1985。
- 陳先風,〈玉天大帝與玉天宮沿革誌〉,1979。
- 陳榮昆,〈聖流堂沿革誌〉,1993。
- 未署名,〈馬沙溝烈池宮沿革誌〉,1986。
- 未署名,〈清水宮沿革誌〉,2003。
- 未署名,〈慈明寺沿革碑記〉,1990。
- 吳登神,〈南廊福安宮碑記〉,1992。
- 黃金保,〈麻豆什字路太子宮重建沿革誌〉,2014。
- 詹評仁,〈臺南縣麻豆鎮番子寮庄朝天宮重建碑記〉,1993。
- 王文龍,〈雙張廊保天宮沿革誌記〉,2013。
- 黃正安,〈七股鄉龍山村龍山宮重建沿革誌〉,1993。
- 未署名,〈頂義合保安堂沿革誌〉(廟內碑誌,1981。
- 未署名,〈大內二重溪紫分寺沿革史記〉,1994。
- 未署名,〈山上天后宮本宮沿革〉,1978。
- 未署名,〈苦瓜寮朝天宮沿革〉,2010。
- 吳鴻奇,〈祖師廟沿革〉,1984。

臺南請水儀式

參考書目

- 王明章，〈焄富宮沿革〉，2003。
- 王大明，〈港口公廟慈安宮重建誌〉，1985。
- 未署名，〈同治四年仲奉重建清水寺碑記〉，1871。
- 鄭枝南，〈新市頂港北極殿沿革〉，2012。
- 未署名，〈新市南港北極殿沿革〉，1989。
- 未署名，〈三舍村椰樹腳照明宮沿革與建醮緣由〉，1991。
- 未署名，〈新港社內清水宮沿革〉，2014。
- 未署名，〈福壽巷北極殿沿革〉，2014。
- 未署名，〈大洲保安宮沿革〉，1984。
- 未署名，〈新市鄉豐榮社區北極殿沿革〉，2007。
- 王茂盛，〈臺南市鹽田永鎮宮沿革誌〉，2008。
- 三官府紫竹寺管委會，〈三官府紫竹寺興建沿革簡介〉，2008。
- 未署名，〈新宅濟福寺景德祠沿革〉，2013。
- 保生宮管委會，〈保生宮沿革〉，1979。
- 未署名，〈玄天宮北極玄天上帝之沿革史〉，2010。
- 未署名，〈保華宮重建沿革〉。

六、手冊、文宣：

- 未署名，〈歸仁仁壽宮乙未年（2015）五朝王醮取水科儀活動規劃〉（廟內文宣）。
- 未署名，〈茅港尾堡聖蹟與傳說〉，廟內看版文宣。
- 未署名，〈茅港尾天后宮沿革簡介〉，簡介摺頁。
- 未署名，〈福延草廍安寧民心宮火傳靈〉，廟內壁掛詩句。

- 未署名，〈後壁下茄苳泰安宮〉，沿革簡介摺頁。
- 第5屆管委會誌，〈臺南市柳營區果毅後鎮西宮簡介〉，廟內紙本簡介，2013。
- 李世寶，《中營慶福宮沿革誌》。臺南：慶福宮管委會，2016。
- 未署名，〈官田慈聖宮簡介〉，簡介褶頁。
- 未署名，〈中洲北極殿沿革〉，仁德中洲北極殿2018年農民曆，2018。

七、網站資料：

- 不著撰人，〈後甲開基真武殿官方臉書〉，2018年5月5日文章。
- 不著撰人，〈頂山腳頂山宮官方臉書〉，2016年6月26日文章。
- 不著撰人，〈平安里鎮安堂宋江陣黃腳巾官方臉書〉，2016年6月26日文章。
- 不著撰人，〈茄苳媽行腳－後壁本協朝天宮招軍請火慶典〉，Xuite部落格，2011年11月30日文章。
- 李榮茂，〈果毅後鎮西宮請水助神威〉，《臺灣時報電子版》，2009/7/12。
- 不著撰人，〈麻豆大山宮南天按察使李府大千歲官方臉書〉，2018年4月25日文章。
- 不著撰人，〈學甲中草坔代天巡狩溫府千歲大事記〉，中草坔代天溫王部落格，2009年12月29日文章。
- 李榮茂，〈南市將軍區李聖宮李府千歲為民解惑香火盛〉，《臺灣時報電子報》，2016/5/16。

- 田進山，〈善化茄拔天后宮砌建延平郡王立碑〉，《天眼日報E 化新聞網》，2011/12/20。
- 李伯勳，〈宗教臺灣善化二興安宮神像迷你〉，《臺灣時報電 子版》，2012/3/26。
- 陳治交，〈許中營順天宮香科祭鹿耳門請水〉，《臺灣時報電 子版》，2015/5/4。
- 張淑娟，〈睽違17年大洲保安宮將謁水〉，《中華日報電子 版》，2016/4/11。
- 〈臺灣大百科全書〉網站，網址 http://taiwanpedia.culture.tw/ web/content?ID=20448。

作者簡介

周宗楊

臺南市佳里區人，淡江大學資訊與圖書館系畢業，目前服務於臺南應用科技大學圖書館。

【專書著作】

- 2015《玉皇禮讚：南鯤鯓代天府凌霄寶殿入火安座》，與黃文博等人合著，南鯤鯓代天府。
- 2015《海風牽引臺17線：從北馬仔到灣裡》，周宗楊著，臺南市政府文化局。
- 2015《南鯤鯓代天府甲午科慶成祈安羅天大醮》，與黃文博等人合著，南鯤鯓代天府。
- 2016《鹿耳門聖母廟土城仔香》，與吳明勳合著，臺南市政府文化局。
- 2017《永康保安宮三王香路》，與黃文博合著，永康保安宮。

- 2019《臺南市市定民俗宗族祭典》，與陳宏田等人合著，臺南市政府文化局。
- 2019主編《榴陽傳：榴陽十二使祖與郭姓源流》，榴陽王世界郭氏宗親總會。

【期刊論文】

- 2010〈臺南地區吉字輩家將團訪查及觀察比較〉《南瀛文獻》9，頁16-49。
- 2012〈佳里番仔寮應元宮辛卯年慶成謝土暨蜈蚣陣出巡記實〉《臺南文獻》1，頁154-177。
- 2012〈鹽分地帶請水文化記錄與觀察〉《臺南文獻》2，頁237-265。
- 2013〈曾文溪流域王船醮祭造船儀式之研究〉《臺南文獻》3，頁139-164。
- 2013〈王船的神明會－安平伍德宮金德安水手會之探討〉《臺南文獻》4，頁36-55。
- 2014〈淺談喜樹仔聚落及龜醮祭典〉《臺南文獻》5，頁91-101。
- 2014〈鹽分地帶保生大帝信仰文化踏查－以原鄉移入為例〉《臺南文獻》6，頁192-219。
- 2015〈迎春牛探源與製作〉《臺南文獻》7，頁50-76。
- 2016〈鹿耳門聖母廟「土城仔香」之研究〉《臺南文獻》9，頁81-106。

- 2017〈榴陽王十二使祖與郭氏宗親會〉《臺南文獻》12，頁36-65。
- 2018〈臺南地區廣澤尊王、十三太保信仰初探〉《臺南文獻》13，頁88-119。
- 2019〈謁水請將內涵與具象過程初探－以臺南地區為例〉《臺南文獻》15，頁34-61。

作者簡介

大臺南文化叢書第7輯——在地文史研究

臺南請水儀式研究

作　　者／周宗楊
社　　長／林宜澐
總　　監／葉澤山
召 集 人／黃文博
行政編輯／何宜芳、陳雍杰、許琴梅
總 編 輯／廖志墭
編輯協力／林韋聿、謝佩璇
企　　劃／彭雅倫
書籍設計／黃子欽
內文排版／藍天圖物宣字社
審　　稿／黃文博

出　　版／臺南市政府文化局
　　　　　地址：永華市政中心：70801臺南市安平區永華路2段6號13樓
　　　　　民治市政中心：73049臺南市新營區中正路23號
　　　　　電話：（06）6324453
　　　　　網址：https://culture.tainan.gov.tw

　　　　　蔚藍文化出版股份有限公司
　　　　　地址：10667臺北市大安區復興南路二段237號13樓
　　　　　電話：02-2243-1897
　　　　　臉書：https://www.facebook.com/AZUREPUBLISH/
　　　　　讀者服務信箱：azurebks@gmail.com

總 經 銷／大和書報圖書股份有限公司
　　　　　地址：24890新北市新莊區五工五路2號
　　　　　電話：02-8990-2588

法律顧問／眾律國際法律事務所　　著作權律師／范國華律師
　　　　　電話：02-2759-5585　　網站：www.zoomlaw.net

印　　刷／世和印製企業有限公司
定　　價／新臺幣450元
初版一刷／2019年9月
ISBN：978-986-97731-7-1
GPN：1010801157
分類號：C065
局總號：2019-491

國家圖書館出版品預行編目（CIP）資料

臺南請水儀式研究 / 周宗楊著. -- 初版. -- 臺北市：蔚藍文化；臺南市：南市文化局, 2019.09
　面；　公分. --（大臺南文化叢書. 第7輯；6）
ISBN 978-986-97731-7-1（平裝）

1.民間信仰　2.臺南市
538.83308　　　　　　　　　　　　　　　　　　108005974